不安型愛着スタイル

他人の顔色に支配される人々

岡田尊司

光文社新書

はじめに

不安型愛着スタイルとは

「人に気を遣いすぎて、疲れてしまう」「自分のことが嫌われていないか、過度に気にしてしまう」「何事にも過敏で傷つきやすい」といったことで苦しんでいる方はとても多い。そういう傾向を持つ方は、自分が一生懸命人に気を遣い、サービスする心理の根底で、自分のことを実際よりも低く、つまらない存在と見なしていて、自己評価や自己肯定感が低いこともしばしばだ。

そのため、人から認められているとか、受け入れられているとか、愛されているということを確かめないと、自分の存在価値を保てない。ちょっとでも悪い反応が返ってくると、自分の価値がなくなったように感じてしまい、落ち込んだり不安に駆られたりしやすい。

こうしたタイプの人の根底にしばしば認められるのが、「不安型愛着スタイル」である。不安型愛着スタイルの人は、寂しがり屋で、取り残されることを恐れている。人に気を遣って合わせてしまうのも、機嫌を損じないように顔色をうかがい、ついサービスしてしまうのも、相手に悪く思われ、見捨てられることを恐れているからだ。自分の力だけでは頼りにならないので、誰かに頼りたいと思ってしまうのだ。実際には、頼りになりそうな相手こそ、人生の躓《つまず》きの石になることも多いのだが。

孤独や孤立をそこまで恐れる背景には、何らかの見捨てられた体験や否定され続けた体験があって、その出来事から何年も何十年も経っても、その人を支配してしまっている。見捨てられまいと、あなたの心遣いや愛に値しない人にまで、つい機嫌を取り、しがみついてしまうのだ。

愛着障害の核心を攻略する

一般にもその存在と影響が広く認識されるようになった「愛着障害」。中でも、身近な問題となっているのは、比較的軽度な愛着障害である「愛着スタイル」だ。

その核心ともいえるのが、「不安型愛着スタイル」で、人の顔色や気持ちに対する敏感さや、傷つきやすさ、安心感・自己肯定感の乏しさなどを特徴とする。

繊細で、共感性に優れ、サービス精神旺盛で、優しく、献身的な一面とともに、依存しやすかったり、攻撃を受けやすかったり、利用や搾取をされやすいといった弱点を抱え、気疲れや自己犠牲が限界を超えると、心身の不調を来《きた》し、ときには別人のように怒り狂う面も持つ。

男性でも一割五分、女性では二割近くの人が該当すると推測される不安型愛着スタイルについての理解と知識なしには、職場でも家庭でも、良好な関係を維持することは至難の業《わざ》である。何気なく導火線に火をつけてしまい、大やけどを負うこともしばしばだ。

昨今では、ご自分の不安型愛着スタイルを自覚され、それを克服したいと、専門的な治療やサポートを求める方も多い。本書では、不安型愛着スタイルを持つ人に対する対応の仕方とともに、不安型愛着スタイルの克服や治療についても、大幅な紙数を使って詳述した。

私自身の臨床経験にとどまらず、広い角度から愛着スタイルや愛着トラウマの改善に有効な方法を知っていただくため、心理カウンセラーとして活躍する河野光世《みつよ》氏、倉成央《くらなりひろし》氏、古川綾子氏、岩崎恭子氏、魚住絹代《うおずみきぬよ》氏ら各氏からもご教授をいただき、長年取り組まれてきた経験のエッセンスを盛り込ませていただいたことを、感謝の気持ちとともに記しておく。是非参考にしていただき、ご自分に合ったアプローチや考え方に出会われる一助となればと思う。

本書には多数の具体的事例が登場するが、著名な人々のケース以外は、実際のケースをヒントに再構成したものであり、特定のケースとは無関係であることをお断りしておく。

不安型愛着スタイル

目次

はじめに　3

第5章　不安型愛着スタイルの克服　137

3. 克服のための取り組み　163

第6章　愛着障害の心理療法――223

第1章　不安型愛着スタイルの特性

1．愛着不安が強い

顔色や相手の反応に敏感

不安型愛着スタイルとは、一言でいえば、愛着不安の強い状態だといえる。愛着不安とは、通りすがりの関係や見ず知らずの他人との関係とは違って、距離が近づいた関係になったときに、相手に対して感じる不安のことである。

親しさの程度は、ただ見知った関係である段階から、親密な家族や愛する存在の段階まで幅広いが、相手の反応や自分に対する関心を気にして不安を感じるという点で共通している。

愛着不安は、たとえば、攻撃や危害を加えられるかもしれないという恐怖心や警戒心とは違い、相手の評価や自分に対する関心についての不安である。言い換えれば、自分のことを相手がよく思ってくれているか、それとも悪く思っているか、自分のことに関心があって、何らかの価値を見いだし、有用だと感じているか、それとも、何の価値もない存在で、むしろ邪魔だと思っているか、あるいは、まったく自分に対して無関心で、何とも思っていないか、といったことに対する不安である。

愛着不安が強い人にとって、相手の自分に対する評価が否定的なものだと感じることは、自分の存在を揺るがすような不安を引き起こす。しかも、愛着不安の強い人は、愛着不安を感じてしまう対象の範囲が広い。自分の現在の生活や将来を左右しかねない、本当に重要な他者に対して愛着不安を覚えるだけでなく、実際には何の影響力も持たない存在や、そうした配慮、心配をする必要がない存在に対してまで、まるで相手が重要な存在であるかのように、その人の反応に対して愛着不安を掻《か》き立てられてしまう。

たとえば、自分に商品を売り込もうとしている営業マンや、自分をたぶらかし、都合のいい遊び相手やお客や働き手として利用しようとしている相手に対しても、顔色や反応を気にし、相手が気を悪くしないか心配になったり、気に入られようとつい甘い返事をしてしまう。

自分より年下の相手や立場が下のはずの人（たとえば部下、取引先の営業）に対しても、気を遣いすぎて下手に出すぎてしまい、いつのまにか相手の言いたい放題になっていたり、向こうが気を遣うはずの立場なのに、こちらがへつらってしまう結果、相手の言葉や態度に傷ついてしまう。

自分の気持ちより、相手にどう思われるかばかりを優先してしまう。

このように、相手の顔色や機嫌、反応に敏感だという点は、不安型愛着スタイルの最大の特徴だといっていいだろう。

承認欲求や見捨てられ不安が強い

顔色や相手の反応に敏感であるということは、言い換えれば、相手に認められたい、気に入られたい、愛されたいという思いの反映でもある。こうした欲求を「承認欲求」というが、不安型愛着スタイルの人では、承認欲求がとても強いのである。

認められたいので、相手の期待することを読み取り、相手の意向を忖度《そんたく》して、言われるよりも先にこちらからそれに応えようとする。相手を喜ばせようと、過剰ともいえるサービスや奉仕をしてしまうのだ。

子どもの頃は、「良い子」や「優等生」として頑張ろうとして、勉強に励んだり、家事や親の手伝いやきょうだいの世話を進んでしたりする。親の愚痴《ぐち》や泣き言を聞き、親を慰《なぐさ》めたり、助言したりするケースもある。本来は親の役割であることを、子どもの方が果たすことで、親を支えようとしている。親を喜ばせたいという気持ちが強く、逆に親が不機嫌だったり、悲しそうにしていたりすると、がっくり落ち込んだり、気持ちを掻きむしられたり、やり場のない怒りを感じたりする。

そうした傾向は親以外の存在に対しても強く、自分のことを置いておいても、人の相談に乗ったり、世話を焼いたり、尽くしてしまいがちだ。大人になる頃には、そうした傾向は、その人の人格の一部のようになっている。「いい人」と思われたいという気持ちがどこかにあり、相手から頼られるとむげに断ることができない。つい、いい顔を見せてしまうのだ。

強引で自分勝手な会社の上司や同僚、図々しい友人や恋人に対してだけでなく、出会ったばかりの素性のわからない相手や物売りに対してさえ、悪く思われることを恐れ、相手を傷つけないよう配慮しすぎて、相手に合わせるようなことを言ってしまう。拒否や反撃が必要な場面でも、相手に嫌われまいと、拒否の態度が取れず、いつのまにか相手のペースに巻き込まれ、大変な迷惑や損害をこうむってしまうこともある。

上司や同僚が、いつもより素っ気ない態度を取ったり、不機嫌だったりすると、自分のことを嫌っているのではないかとか、自分が何か原因になることをしてしまったのではないかと心配になり、その日一日そのことばかりが気になって、他のことが手につかなくなってしまう。

心理的な支配を受けやすい

愛着不安は、相手に見捨てられはしないかという不安でもあり、相手の機嫌を損ねないかという不安でもある。ありのままの自分をさらけ出し、自分の考えを主張することに、恐れや不安がある。相手を傷つけたり、相手に悪く思われてしまうことが心配で、自分の気持ちや考えをはっきり言うことを遠慮してしまう。

そのため、愛着不安が強いと、態度が曖昧《あいまい》になりやすい。はっきりノーと言うことができず、煮え切らない言葉で、どっちつかずの返事をしてしまう。その結果、自信たっぷりで、押しの強い相手に対しては、ずるずる引きずられてしまいやすい。

また、こちらをあまり評価しない、点数の辛い相手に対したとき、自分を評価してくれないことに不安を刺激され、何とか相手に自分を評価してもらいたい、見捨てられないように相手にしがみつきたいという衝動が掻き立てられる。

ずけずけと自分の欠点を指摘したり、遠慮なく言いたいことを言ってくる点数の辛い相手に対して、最初は反発や不快感を覚えていたにもかかわらず、いつのまにか言いなりになってしまったり、親密な関係になったりして、心理的な支配を受けやすいのは、愛着不安が刺激されることで、相手に取り入ろうとするスイッチが入ってしまうためである。いい人と思う人に惹《ひ》かれるよりも、むしろ嫌なやつと思った相手の手中に落ちてしまうのは、愛着不安がからむ心理的メカニズムのなせる業だ。

教え子がコーチや教師に惹かれたり、部下が上司と恋愛に陥ったりするときの心理にも、しばしばこの心理的力動《りきどう》が関わっている。

厳しいはずの上司の意外な親切に――亜佑美さんのケース

亜佑美さん（仮名）の、上司となった課長の岳田（仮名）に対する印象は、仕事に厳しい人というものだった。岳田は四十代の初めの男盛り、亜佑美さんも三十代の半ば、結婚七年目の夫との間には小学校に上がったばかりの娘がいた。

システムの入れ替えがあり、コンピューターにそれほど強くない亜佑美さんは、日々の問い合わせに対応しなければならなかったが、わからないことが多く、毎日ビクビクしていた。周りから「お局《つぼね》さん」と呼ばれている古株の女性職員が、本当なら教えてくれるはずだが、彼女も新しいシステムのことなど何もわかっておらず、助けてはくれないのに、文句だけは言われるので、亜佑美さんとしては、職場に行くのがだいぶつらくなっていた。

こんなことを課長に聞いていいのかと思いながら、やむにやまれず相談してみると、課長は丁寧に教えてくれただけでなく、わからないことがあったら、遠慮なく聞いたらいいと言ってくれた。厳しい人と思っていただけに、課長の意外に親切な反応に、亜佑美さんは、胸をなでおろしたのだった。

それでも、最初は遠慮があり、課長が嫌そうにしていないか、顔色をうかがいながら、こわごわ声をかけるという具合だったが、何度目かに教えてもらいに行ったとき、課長も他用があるらしく、後はメールかラインでやりとりしようと言われたのだ。課長に聞きに行くたびに、お局さんが嫉妬深そうな目で睨《にら》んでいたので、その方が亜佑美さんとしても好都合だった。

それから、亜佑美さんは課長に相談することが増えた。課長からはすぐに返事がきて、丁寧に答えてくれる。亜佑美さんは、課長から返信がくるたびに、しばらく忘れていたときめきを、信頼感とともに覚えるようになっていた。

亜佑美さんと夫との関係は、このところ冷え切っていた。亜佑美さんは、もともとは何でも相談しないと安心できないタイプだったが、夫は困ったことがあっても人に頼らずに何でも自分で解決すべきだと考えているタイプで、自分に頼ろうとする亜佑美さんを露骨に鬱陶《うっとう》しがるようになった。そんな夫の反応に、亜佑美さんは頼るのを諦めてしまっていたのだ。

それに引き替え、課長の岳田はとてもまめなタイプで、何を相談しても、親身に考え、答えてくれる。信頼の思いは、いつしか好意に変わっていた。課長と一線を越えた関係になったのは、それから間もなくのことだった。

2. 寂しがり屋で一人が苦手

自分を自分で支えられない

不安型愛着スタイルの人は、過剰なまでに愛着対象を求めてしまう。愛着対象とは依存対象でもあり、自分を守り、支え、かまってくれる存在である。幼い頃は、母親がその役割を担うのだが、それが何らかの要因でうまく機能せず、愛着対象への欲求が過剰に高まってしまった状態が続いているといえる。

自分を支えてくれる人に頼りたいという気持ち、つまり依存欲求が強いということは、言い方を変えれば、自分で自分を支えられないということだ。一人では生きていけないという思い込みがある。それが、心理面や対人関係の面に表われると、寂しがり屋で、孤独が苦手という特性となりやすい。

特に、夜になると孤独が迫って感じられる。淋しさのあまり子どものように泣いてしまったり、声や言葉がほしくて、スマホにかじりつき、返事をずっと待っていたりいる。

親しい関係になったとたんに、逆に愛着不安が強まり、依存が強まっていく。相手を一人の人間としてというよりも、自分の淋しさや不安、気持ちの空虚さを紛らわせる存在として必要とする。その欲求が強いので、相手の都合や事情は後回しになってしまいがちだ。知り合ったばかりの頃は、あれほど気配りして、相手のことを優先していたのに、それとはまったく違った面が、親しくなるにつれて表われることになる。

相手は、それまでの控えめな態度と、急に相手を縛り付け、相手の都合などおかまいなく、強引なまでに自分に付き合わせようとする態度のギャップに戸惑いつつも、その時点では、そこまで自分を必要としてくれていることに心を動かされ、できるだけ応じようとして、相手のペースに巻き込まれていくことも多い。

ただ、それが毎日のように、何カ月も、何年も続くことになると、嫌気がさしてしまうことにもなってしまうのだが。

寝かしつけてくれる人が必要だったサガン

フランスの女流作家フラソワーズ・サガンは、十八歳のとき、処女作の『悲しみよこんにちは』で衝撃的なデビューを果たして以降、新しい女性像を体現し、それを作品に描くだけでなく、その生き方を自ら実践した「時代の旗手」であり続けた。だが、そのクールで颯爽《さっそう》としたイメージとは裏腹に、その実像は、常に抱っこと優しさを求め、愛情に飢え、誰かに依存しないでは何もできない子どものような存在であった。

サガンは独り寝の夜が苦手だった。そばにいて、体を温めてくれたり、そっと触ったり、慰めの言葉をかけてくれる人が必要だった。そうした傾向は幼い頃からあったという。一人で寝ることを嫌がり、いつも両親と同じベッドでなければ眠れなかった。

フランソワーズ・サガン
（写真提供：共同通信社）

思春期になって、さすがに自分のベッドで眠るようになったが、一度誰かがそばに寝てくれる安心を味わうと、まるで子どもの頃に戻ったように、サガンは、そばで自分を寝かしつけてくれる人を必要とするようになった。

そばにいてくれる人の顔ぶれは、次々と変わっていったが、空席ができることはほとんどなかった。誰かと別れても、すぐに他の誰かがその後を埋めてくれた。というよりも、そうしないではやっていけなかったのである。

そばで寝てくれる恋人以外にも、孤独や退屈を紛らわしてくれる刺激的な取り巻きを必要とした。彼らは、脇役にすぎなかったが、万一恋人とケンカをしたり、他用で不在が生じたときには、代役になるかもしれない潜在的なスペアで、そうしたストックが多ければ多いほど、ある意味、安心なのだった。

サガンが愚かしいほどのコストをかけて、調子よく周りに群がってきた友人や知人たちとの関係をキープしようとしたのには、そうした無意識の欲求が働いていたのかもしれない。世間向けに、サガンが自立した強い女性を演じれば演じるほど、彼女の中の孤独と愛情飢餓は募《つの》っていったのである。

何もかも話さずにはいられない

一人が苦手なのは、不安であれ不満であれ、心の中にしまっておけない、不安型愛着スタイルの特性とも関係している。心に抱えておくということが難しいのである。ストレスがあっても何も話そうとしない回避型（親密な関係を避けてしまう愛着スタイル）とは対照的に、不安型の人にとって、自分の身に起きたことを話すことは、不安を解消するための重要な防御手段であり、生きているのと同じくらい重要なことである。

楽しいことよりも、嫌なことや不満なことが多くを占めがちだが、自分の心に抱えているよりも、洗いざらい吐き出してすっきりしようとする。不安型の人の不満や愚痴を聞くことは、そのパートナーとなった者の最重要な任務だといえる。その任務が解除されてしまったということは、もはや関係が意味を持たなくなったということを示している。

このタイプの人が、何も話すことがないと感じると、それは愛情生活の終わりが近いことを予兆している。

3．自己肯定感が低く、自分が嫌い

顔色ばかり気にして、人に過剰に尽くしてしまう傾向と表裏一体だともいえるのだが、不安型愛着スタイルの人は、自己肯定感が低く、自分のことが嫌いである。周囲から見れば、とても魅力的な点や優れた点もいっぱいあるはずなのだが、本人は、自分が全部ダメなように思っている。

一見プライドが高く、自信ありげに見えるときも、それは実は虚勢でしかなく、一歩近づいた関係になると、たちまちそのプライドは消し飛び、自分など誰にも愛される値打ちがないと思い込み、相手の蔑《さげす》みや嫌気におびえる別の姿が露《あら》わになる。そんな自分を見られるのが怖くて、人が寄り付きにくいような見せかけの自信で、自分を守っていることもある。

自己肯定感の低さは、周りの人をすぐに「すごい」と思い、実際以上に理想化してしまう傾向にもつながる。ある意味、惚《ほ》れやすいのだ。そして、自己肯定感の低さゆえに、相手の歓心を買い、気に入ってもらおうとして、過度に迎合したり、相手の都合のいい話に乗ったり、ときには体や虎の子の貯金を差し出してしまったりする。

価値のない自分が、相手に認めてもらうには、特別な犠牲を払わなければと思ってしまうのだ。

自分の持つ長所や美点についても、否定的にしか見ていないことが多い。他の人にはない優れた能力や手腕、才能も、「大したことはない」「もっとすごい人はいっぱいいる」「自分なんか」と低く見てしまう。

その低い自己評価ゆえに、不相応な待遇や苦労ばかりが多く、報われない仕事にとどまり続けていることもしばしばだ。他でもっと認められるよりも、どこにも使ってもらえなくなることの方を恐れてしまう。結果的に、自分を安売りしてしまう。


自分の気持ちよりも、相手の気持ちや思惑の方を優先してしまうため、自分が本当に望んでいることや考えていることが、覆《おお》い隠され、押し殺され続けたことで、自分でもわからなくなっているということも少なくない。相手のために役立つことが、いつのまにかその人のしたいことに置き換わり、自分という存在が、相手なしでは意味も価値も持たなくなっていることとさえある。

自分の気持ちや考えなど取るに足らないもので、顧《かえり》みる価値もないと軽く見なしてしまうことは、自分などではなく、誰かもっと賢明で、自分に確信を持った人物の意見や指示を聞いた方がよいという思いに連なっている。

4. 求めすぎて、反応が極端に

評価が裏返りやすい

不安型愛着スタイルの人が示すもう一つの重要な特性は、両極端な認知や反応に陥りやすいということである。この点は、不安型愛着スタイルの克服に取り組む場合、もっとも中心的な改善課題ともなる。

この両極端な認知や行動パターンは、母親との関係に由来していることが多い。というのも、母親が不安型の愛着スタイルを示す場合、子どもも同じ傾向を示しやすくなるのである。「大好き」「最高」という最高評価と、「大嫌い」「最悪」という最低評価が、短いスパンで、ときには一瞬のうちにひっくり返ったりする。思い通りになる存在は「大好き」なのだが、思い通りにならない面を見せられたとたんに、「大嫌い」に変わってしまうのだ。

この特性が、パートナーとの関係や子育てにおいて、しばしば破壊的な作用を及ぼし、周りは心底からの信頼を次第に失っていく。機嫌を損ねないように注意深く扱わなければならない存在として、一見大切に扱われている場合も、本当に肝心なことや大事な相談はされなくなっていく。子どもでさえそうだ。「ママが過剰反応するのが怖い」からである。

完璧主義になり、ほどほどが苦手

親や周囲の大人から認められようと、常に頑張ってきた人が多いため、何事も必要以上に頑張ってしまう。常に向上や進歩を目指して頑張ってきた、あるいは頑張らされてきたことが多く、完璧主義の傾向が見られやすい。

完璧主義の傾向は、別の要因にも由来する。それは、愛着ホルモン、オキシトシンの働きと関係している。

オキシトシンには、人を優しく、寛容にし、また、厳格で極端になりすぎないようにする働きがある。おそらく子育てをしていく上では、厳格さよりも寛容さ、優しさ、ほどよさが必要だからだろう。

それがうまく働かないと、思い通りにならない子どもを虐待してしまうことにもつながる。愛着障害の人では、オキシトシンがうまく働かないため、自分にも周囲にも厳しくなりすぎたり、極端な受け止め方や反応をしてしまいやすい。完璧主義な傾向の背景には、養育環境の影響とともに、生理学的要因も関与していると考えられる。

理想化と幻滅、依存と攻撃のパターンに陥りやすい

恋愛関係のような親密な関係になると、愛着不安がむしろ強まり、依存が強まりやすいことは述べたが、満たされるどころか、貪欲さを増してしまうことも多い。こうした傾向は、親密さの一線を越えた瞬間に、急速に強まり、愛着対象となった存在に、加速度的に依存し、執着していく。相手の些細《ささい》な反応が気になって心穏やかでいられなくなったり、絶えず愛情を確認したり、体に触れたりしていないと、安心できなくなる。

自分のことを少しでも後回しにされたり、たとえ冗談であっても、否定的な言い方をされたりすると、自分がもう愛されていないように感じ、見捨てられてしまうのだと絶望的な思いに駆られ、必死で相手を縛り付けようとしたり、怒りの反応や攻撃を返したりする。愛着する対象への期待はさらに大きくなっているため、期待外れの反応は、自分に対する「拒否」「心変わり」「裏切り」とさえ思えてしまい、見捨てられたような不安と落ち込み、それが裏返ったことによる怒りを招くのだ。耐え切れなくなって相手との関係も何もかも終わらせてしまうような挙に出てしまうこともある。もちろん相手は、軽い気持ちで言ったりしたりしただけなのに、あまりにも激しい反応に、あっけにとられてしまう。

その根源には、愛する存在、大切な存在から嫌われ、見捨てられることへの不安と絶望があり、自分を裏切ったことへの怒りがある。それは多くの場合、その人がかつて受けた愛着の傷に由来している。

こうしたメカニズムにより、不安型愛着スタイルの人では、自分が一番求め、愛情や関心を期待する存在に対して、同時に、不安や猜疑心《さいぎしん》、イライラや怒りといったネガティブな感情を抱きやすく、それが限界を超えると、攻撃や爆発に向かいやすいのである。一番頼っている、つまり依存している相手に対して、怒りをはじめとする負の感情をぶつけてしまいやすい。愛情を求めるがゆえに、それが得られないことに対する怒りも大きいのである。

ただ問題は、その怒りが、目の前の相手にのみ由来するわけではないということだ。相手に対して、そこまで大きな期待を寄せてしまい、失望し、怒りをぶつけてしまうのは、その人がかつて味わった愛情不足や安心感が脅《おびや》かされる状況が関わっており、目の前の相手は、怒りの引き金を引くきっかけとはなっているが、そもそもそうした愛着スタイルを生み出したのは、その相手のあずかり知らないところまで遡《さかのぼ》った境遇によるということだ。

ところが、いま失望と怒りにとらわれている不安型愛着スタイルの人からすると、相手の行動や言動こそが、自分をそうさせている原因で、もっと理想的な相手であれば、そんなことは起こらないと思ってしまう。自分に十分な関心や愛情を与えようとせず、自分の期待を踏みにじっている相手に、すべて原因があるように思えてしまう。

しかし、事実はそうではないため、相手を責めて非を反省させようとし、それでもうまくいかず、新たな相手とやり直そうとするが、うまくいくのは最初だけで、また同じことが繰り返されることになる。

何度かこうした経験を積んでも、まだ問題が自分の側にあるというよりも、相手や自分の不運な出会いにあると考えることも多い。「男運が悪い」とか「女運が悪い」といった言い方がしばしば用いられることにも、そうした責任転嫁が滲《にじ》んでいるし、何度か同じ失敗をしても、自分の問題を振り返るよりも、相手のせいにして終わってしまうことは、残念ながら多いのである。

依存と攻撃のパターンを繰り返している限り、親密になった存在に不満ばかりを感じ、責め続け、やがて関係を破壊してしまうことは避けがたい。それが自分の愛着スタイルの特性に由来し、自分が知らず知らず取っている反応——思考、感情、行動を含めた反応が、同じ事態を招いてしまっているということを自覚し、そこを変えていかない限り、また同じことが起きてしまいやすいのである。

独占欲が強く、三角関係が苦手

三角関係というのは、不安型愛着スタイルを持つ人にとって、一番理性を失わせるシチュエーションだといえる。愛着不安が強いだけでなく、全か無かの二分法的認知にとらわれやすい不安型愛着スタイルの人にとって、愛情を得るか、失うかは、生死をかけたも同然の戦いとなる。その中間はないのだ。

実際、一人の異性を射止めるか、拒《こば》まれるかということは、妥協の余地がない。恋愛の段階では、あなたのことも少しは好きだけど、別の人の方がもっと好きとかといったあやふやな関係もあり得るが、体を許すかどうか、プロポーズを受け入れるかどうかという段階になると、曖昧ではいられなくなる。

自分の思いが拒まれるかもしれない、自分ではなく他の人のものになってしまうかもしれないという二者択一が、愛着不安を燃え立たせ、どんなことをしてでも手に入れたい思いへと駆り立てることになる。

作家としてのサガンは、三角関係を扱うのを得意とした。三角関係によって掻き立てられた憧れや嫉妬心、独占欲、怒りといったものが、登場人物を魅力的にも、残酷にもしたのである。しかし、現実のサガンは、自分の独占欲の強さに苦しみ、三角関係は、ときに彼女の平静を失わせた。

まだ二十歳になるかならないかのサガンが、手練手管《てれんてくだ》に長《た》けた四十男ギイ・シェレールにまんまと心を盗まれてしまったのも、シェレールが、トップモデルと交際中だという三角関係のワナにはまってしまった結果だった。実のところは、シェレールはトップモデルの女性に愛想を尽かされ、彼女はすでに他の男性に乗り換えようとしていたのだが。そんな内情はおくびにも出さず、自信たっぷりに近づいてきたのだ。

この結婚は無残な失敗に終わる。シェレールは、美女たちとの火遊びをやめようとせず、サガンは、結婚する前よりもずっと孤独な自分に気づく。サガンは、シェレールに、何も話すこともなくなっていた。どんなことも洗いざらいしゃべらずにはいられないサガンにとって、それは致命的な事態を意味した。

パートナーや子どもとの関係が不安定になりやすい

不安型愛着スタイルの問題が強く表われやすいのは、特に距離が近づいた、親密な関係においてである。つまり、恋人やパートナー、わが子との関係において問題が行き詰まりやすい。最初は理想的なくらい、よい関係で始まることが多いのだが、だんだんバランスが悪くなり、お互い居心地のよくない、不快な関係になっていく。

気配りし、世話をし、アドバイスし、手助けするという関わりでさえ、相手の気持ちやペースよりも、自分の気持ちやペースになってしまい、相手には強制されているように感じられてしまうのだ。完璧にしようという強迫性の傾向や自分の理想へのこだわりが強く、ほどよい妥協ができない。

ときには主役の本人を押しのけて頑張ってしまうので、たとえその場はよい結果に終わったとしても、本人の主体性はないがしろにされ、本人としてはあまり満足感も得られない。一生懸命献身し気遣っているのに、感謝もされないどころか、嫌そうな反応が返ってくることに、イライラや怒りが込み上げてしまう。

しかし、相手からすると、こちらを押しのけて勝手に頑張っていたのに、今度は急に怒り出したという反応に、戸惑い、どうして怒られなければならないんだ、ということになる。

さらに、子どもが共感的な支えを必要とする状況になると、思いの強さが余計に空回りしてしまいやすい。

たとえば、わが子がいじめを受けるとか、学校に行きづらくなるといった状況は、どんな親にとっても衝撃だ。心配でたまらなくなり、自分が同じ目に遭ったかのように、悲憤慷慨《ひふんこうがい》したり、落ち込んだりすることも少なくないが、不安型の親は、さらに過剰な反応をすることになる。根掘り葉掘り質問したり、嘆いたり、怒ったり、あちこちに電話をしたり、助けを求めたりする。

まだ低学年の頃であれば、それが奏功して問題解決につながることもあるが、高学年以上、さらに中高生となると、不安型の親の過剰反応は、マイナスの副作用を強めていく。低学年のときのように問題は単純でなく、感情的に反応すればするほど、状況は改善するどころか、悪化し、子どもも心理的に追い詰められやすい。

そもそも母親が不安型の場合には、親の過剰反応が嫌で、高学年以降には、子どもが本当のことを話せなくなっていることも多い。問題が露見したときには、もう学校に行けないところまで追いつめられているというのも、よくある状況だ。

さらに母親が感情的に嘆きや怒りを撒《ま》き散らしたところで、状況がよくなるはずもない。冷静に、本人の立場に共感しながら、本人の気持ちを受け止めてくれる人が必要なのだが、それとはおよそかけ離れた対応をしてしまいやすいのだ。

子どもの問題から自分の課題に気づく——怜果さんのケース

三十代の女性怜果さん（仮名）が最初に相談にやってきたとき、最初は、子どもの問題で困っているということからだった。

発達に軽度の課題があり、何事にも時間がかかる上に、近頃は、学校もよく休むようになり、そのことで落ち込んだり、イライラしたりすることが増えているとのことだった。お子さんは、何事も乱雑で、やりっぱなしで、元の位置にしまうことは一切せずに、別のことを次々始めてしまう。部屋の中は散らかり放題になってしまう。一日中注意をしているが、一向によくならず、おかげでイライラし通しだ。ときには喚《わめ》き散らしてしまうという。

そこで、お子さんの特性を理解した上で、あまりせかさずに、本人のペースを尊重する対応をアドバイスしていた。子どもに対しては、対応を変え、子どもの状態は改善していったが、今度は夫に対してイライラして、爆発してしまうという。夫にも、子どもに似た特性があり、いくら怜果さんが指導しても、自分のやり方を変えようとしないのだという。

怜果さんは、きちんとした性格で、妻としても母親としても、その役割をきちんと果たしたいという思いが強く、夫と二人だけで暮らしていた間は、家事も完璧にこなし、部屋もいつもきれいに保っていたものだった。夫はその頃から置いたら置きっぱなし、脱いだら脱ぎっぱなしの性格だったが、夫一人の世話なら、まだどうにかなっていたのである。

ところが、子どもができ、人一倍やんちゃな男の子の世話と指導に手一杯になってくると、まったく家事に協力的でない夫にいらだち、爆発するようになったのだ。

イライラすることがあたかも性格のように見なされ、本人自身も、いつからこんな性格になったのかと思いつつ、いつも怒ってばかりいる自分が日常化してしまうこともある。女性の場合は、生理周期と重なることでイライラが強まりやすいし、男性や働く女性の場合は、職場での責任の重さやストレスによって、イライラが増幅することになる。

怜果さんは、まさにそういう状況に陥り、自分のすぐにイライラして爆発してしまう「性格」を、どうにかしたいと思うようになったのである。優しく献身的だった自分のもともとの「性格」を、忘れてしまうほど追い詰められていたのだ。

不安型愛着スタイルの女性は、怜果さんにも見られるように、二つの顔を持っている。とても優しく、献身的で、自分のことよりも相手や周囲の人のことを優先して気遣う面と、自分の傷ついた思いや怒りにとらわれ、別人のように相手を攻撃してしまう夜叉《やしゃ》のような面とである。愛情深い献身と、恐ろしい鬼のような怒りが、ある瞬間を境に裏返るのである。

イライラと怒りにとらわれた怜果さんの状態だけを見れば、夫や子どもに対する不満や憤《ふん》懣《まん》を爆発させ続けるのを目の当たりにして、自分の感情に負けてしまう、何と身勝手な女性だろうと思ってしまうかもしれない。

しかし、普段の彼女に出会えば、何と優しくて、気が利く良妻賢母型の女性だろうと思うに違いない。それぐらい正反対な面が、彼女の中には同居しているのである。

それは、決して二重人格ということではなく、献身と忍耐が限度を超えたとき、裏返ってしまうということなのである。

5. 客観視が苦手で、悪い点にばかり目が向いてしまう

もう一つ、不安型愛着スタイルの人を不幸にしてしまう大きな特性として、客観的に物事を見るのが苦手で、自分の感情に影響されて悪い点や合わない点にばかり目が向いてしまうということがある。

人との関係でも、共感や好感よりも、違和感や嫌悪感のスイッチの方が入りやすい。そし

て、一度スイッチが入ってしまうと、なかなか切り替わりにくい。

最初は好ましい印象を持ち、素晴らしいとさえ思っていた場合でも、何か期待外れなことが起きると、急速に評価が下がり始め、幻滅感や拒否感に変わってしまうこともしばしばだ。不快さや嫌悪というものに対する感度が高く、気持ちがそれ一色に塗りつぶされてしまいやすいのだ。

好き嫌いが激しかったり、自分に関わってくれた人について、好きだったという記憶よりも、嫌いだったとか嫌だったという印象が多く残っている傾向も見られる。こうした傾向は、しばしば不利益をもたらしやすい。

たとえば、ある人物に対して、些細なことから好感よりも違和感や不信感を持ってしまうと、相手の方も、そのことを感じ取って、その人に対して悪い印象を持ちやすい。

実際、不安型愛着スタイルの人は、人間関係でトラブルに遭いやすい傾向があるが、それも、最初から関係が悪かったというよりも、途中までは良好な関係だった相手から、攻撃や中傷を受けるということが多い。

そこには、相手にノーが言えず、相手を受容しすぎるという傾向とともに、うまくいかないことにぶつかったときに、相手に対する感情的な拒否反応が生じてしまい、それを相手も感じてしまうことも一因となっているだろう。

感覚が繊細で、言葉にも敏感

不安型愛着スタイルの繊細さは、多くの人にはあまり気にならないレベルのことも、不快に感じやすい。感覚自体が過敏で、すぐ頭が痛くなったり、めまいがしたり、乗り物酔いしやすかったり、低気圧が接近すると体調に響いたりといったことも多く、体調が崩れやすい。女性だと月経の前後も不調が強く出やすい人も多い。

そうした、生理的に体調に出やすいということにも増して、言葉に敏感で、さりげない一言が引っかかってしまい、急に怒りが込み上げてきたり、相手のことが信用できなくなったりすることも、ときには起きる。

たとえば、パートナーが一生懸命、会社であった不快な出来事の話を聞いてくれて、気持ちが少し落ち着いたと思ったときに、パートナーが「ああ疲れた」と一言放った瞬間、それまでの信頼が一気に崩れて、「私の話を聞くのは、そんなに疲れる嫌なことなのか」と思って、激しい怒りにとらわれたりする。

また、上司からわざわざ呼びつけられて、「最近、ミスが多いけど、何か心配事でも?」

と言われたことについて、知り合いに愚痴を聞いてもらった後で、知り合いが、「上司も気を遣ってくれてるんだから、悪く思わないことだよ」と言われたことに引っかかってしまい、「上司は悪くなくて、私が悪いって言うの？　私の方がおかしいってこと？」と、ますますイライラしてしまったりする。

言葉の使い方にも過敏で、自分の言葉と違う言葉を使われたりすると、違和感を覚えたりする。こうした傾向は、こだわり症や潔癖症の傾向と重なっていたりすると、余計に強まりやすい。

痛みや苦痛に弱い

不安型愛着スタイルの人の敏感さは、対人関係や心の面に限ったものでなく、痛みや感覚的な不快さに対しても過敏な傾向が見られる。

愛着ホルモンであるオキシトシンには、不安だけでなく痛みを抑える働きもある。不安定な愛着を抱えている人では、オキシトシンの働きが悪い。そのため、不安が強いだけでなく、痛みや不快さといった苦痛に対して過敏になってしまうと考えられる。

痛みや痒《かゆ》みといったことで大騒ぎしたり、空腹とか睡眠不足で、ひどく不機嫌になったりということも起きやすい。

もちろん、痛みや苦痛に対する耐性というものは、愛着スタイルだけで決まるものではない。他にも左右する要因がある。

その一つは、過保護に育ち、我慢することに慣れていないことで、欲求不満耐性自体が低い場合だ。まったく逆に、虐待やネグレクト、トラウマを受けた人でも、同じことが起きる。それらに不安型愛着スタイルが重なると、より強く苦痛や不快な刺激が耐えがたく感じられ、嫌悪反応を示すようになる。鎮痛剤や抗不安薬といった薬物への依存も生じやすい。


サガンは、薬物依存で苦しんだことでもよく知られている。サガンが鎮痛薬を常用し始めたのは、ティーンエイジャーの頃からで、処女作の『悲しみよこんにちは』を執筆した十八歳の頃には、すでに鎮痛剤を常用していた。生理痛や頭痛といった痛みは、快活で楽しむことが好きな面と、読書や空想に耽《ふけ》る面を併せ持ったこの複雑な内面を持つ少女が、身近に抱える問題だったようだ。

薬物への依存をエスカレートさせる一つのきっかけとなったのは、自動車事故によるひどいケガだった。激しい痛みを抑えるために使われた麻薬性の鎮痛剤を、サガンはケガから回復した後も断ち切れなくなってしまったのだ。

サガンは愛する人がそばにいてくれない苦痛や孤独を紛らわすためにも、薬物に頼るようになっていく。

6. よく気がついてサービス精神が旺盛

計算ができるウマの秘密

昔、サーカスに、計算ができるウマや象が登場することがあった。水族館では、計算ができるアシカがいた。お客が出した計算問題の答えを、足を鳴らしたり、ヒレで床を叩いた回数で答えるのだ。観客は、動物たちがどんな計算も見事にこなすので、びっくりするわけだが、本当に計算ができるわけではない。動物たちは、調教師の顔色や動作を必死でうかがって、もう一回叩くか、叩くのをやめるかを判断しているというわけだ。

内容を理解しているわけではなく、ご主人様の望む答えを、反応を見ながら出しているだけなのだが、顔色に行動を支配されている状況は、不安型愛着スタイルの人が、相手の顔色をうかがいながら、相手がほしがっている答えを返している状況とよく似ているかもしれない。本人の主体性はないがしろにされているわけで、そこに虐待に通じる構図を見てしまう人もいることだろう。あまりこうしたショーが受けなくなってきたのも、タネがばれてしまったということもあるだろうが、動物虐待ではと感じてしまう人が増えているからか。

不安型愛着スタイルの人は、計算のできるウマやアシカと似た状況に置かれ、そうした能力を身につけてきたともいえる。それは、プラスの側面に着目すると、相手が求めているものを読み取る「能力」だといえるが、相手に支配されて、自分の主体的な意思と関係なく行動してしまう自動的な回路ができてしまっているという点では、弱点を抱えているといえる。相手を喜ばせるために合わせようとしすぎて、自分が望んでもいないことをしてしまったり、割に合わない犠牲を払うことになったりしかねないのだ。

ウマやアシカなら、正解して観客を喜ばせた後で、調教師からご褒美のニンジンや小魚をもらえるが、不安型愛着スタイルの人は、何のご褒美ももらえないのに、相手を喜ばせようと頑張ったり、自分のことを後回しにしたりすることも珍しくない。ご褒美どころか、借金を押し付けたり、こちらの人生をめちゃくちゃにしても何とも思わない相手に、一生懸命気を遣っていることもある。

気配りの才能にもつながる

ただ、顔色に敏感で、相手の反応を過剰なまでに気にする不安型愛着スタイルの特性は、マイナス点ばかりではない。

幼い頃から周囲の大人の顔色を見て育ち、機嫌が悪くならないか、絶えず気にしながら育つ中で、相手の気持ちを素早く読み取り、機嫌を損なわないためにどうすればよいかという気配りの能力を培《つちか》ってきているともいえる。

それは、よく気がついて、痒いところに手が届き、細やかに配慮ができる能力にもつながるし、相手を快く世話し、もてなす才能にもつながっている。

自分のことを後回しにしても、相手のことを優先しようとする不安型愛着スタイルの行動パターンは、相手を居心地よく感じさせ、好印象を抱かせることが多い。親しみや信頼を生み、ときには感動させる。接客やサービス業に適性がある人も多く、医療や福祉、介護、心理などのパラメディカル、芸能分野、営業や販売、コンサルティングといった領域でも、そうした特性を活かして活躍している人も多い。

いわゆる人気商売に向いているのだ。サービス業では、人に好かれ、頼られなければ、繁盛しないのだが、いっしょにいて心地がよく、常に相手を優先する態度に、お客は惹かれるのだ。

その一方で、気を遣いすぎて気疲れするし、相手を優先しすぎて、負担が増えすぎてしまうことも多いが、それは、好ましい特性と表裏一体の難点だともいえる。行きすぎない程度にデメリットをコントロールし、克服することができれば、ほどよいバランスの中で、成功のチャンスも膨《ふく》らむ。

欽ちゃんの場合——芸能人にも多い不安型愛着スタイル

お笑い芸人の枠を超えタレントや名司会者として長くお茶の間の人気者だった、欽ちゃんこと萩本欽一氏も、人の顔色を読み取り、どんな不機嫌な人も笑わせてしまう、当意即妙の才を遺憾なく発揮したが、そうした才能が育《はぐく》まれるのには、彼の育った境遇も大いに関わっていただろう。

欽ちゃんの自伝『なんでそーなるの！』によると、欽ちゃんは六人きょうだいの五番目、三男として生まれた。一番上の兄とは十四歳離れていた。両親ともに高松（香川県）の出身だったが、父親と母親の育った境遇は、だいぶ異なっていたようだ。

父親は小学校を終えると、すぐに丁稚《でっち》奉公に出て、東京でカメラ関係の仕事をしていたのに対して、母親はお嬢さん育ちで、当時としては珍しい、高等女学校を卒業した才媛で、四国に四人しかいないタイピストの一人だったという。

父親は、カメラの事業で成功して、お見合いをするために高松まで帰ってきたが、お見合い相手の家が留守で、困っているとき、たまたまその家の隣に住んでいた母親が親切に声をかけたのが縁だったという。父親は、見合い相手よりも母親の方を気に入り、何度も通い詰めて、口説き落としたのだという。

丁稚奉公から叩き上げて、事業を成功させるだけのことはあり、父親には人をその気にさせる才覚と情熱が備わっていたのだろう。母親との結婚後、父親のカメラ事業はさらに発展することになる。最盛期には七カ所の店舗をかまえ、そのうちの一店は銀座のど真ん中にあった。戦争色が濃くなり、東京を脱出する人も増える中、売りに出た家を買いあさって、次々店舗に変えていったのだという。

だが、父親の積極経営は裏目に出ることになる。それが決定的となるのは、小型一眼レフカメラ、いわゆるポケットカメラを開発し、大々的に売り出したものの、まったくヒットしなかったときだった。欽ちゃん自身が述べているように、アイデアは優れていたが、先を行きすぎていた。日本でポケットカメラが流行るのは、それから半世紀も経ってからのことである。

父親の事業は一気に傾き、資金繰りにも窮《きゅう》することとなる。戦争という非常事態の中、時代は、カメラどころではなくなっていく。

欽ちゃんが生まれたのは、父親の事業が最盛期へと向かう頃で、埼玉の浦和に大きな家を建て、羽振りのよい時期であった。この頃の欽ちゃんは何不自由のないお坊ちゃまとして育ったかにも思えるが、この一家は、すっかり幸せだったとはいえない、ある事情を抱えていた。

欽ちゃんは、その事情を、幼い頃うちの父親は土曜日だけしか家に帰って来なかったと述懐する。よその父親が毎日家に帰ってくることを知って、母親にわけをたずねると、お父さんは特別に仕事に打ち込んでいるからで、毎日家に帰ってくるような男は、大して仕事をしていないのだと説明され、うちの父親はすごいんだと思ったという。

実のところは、父親には別に女性がいて、普段はその女と暮らしていたのである。大きくなると、自然にそうした事情もわかってくることになるが、母親はまだ小さい息子を傷つけないように、そんなふうに説明したのである。そこには、女としてのプライドもあっただろう。欽ちゃんが母親のことを尊敬し、とても大切に思っていることは、さまざまなエピソードに滲み出ているのだが、それは、母親が抱えていた不幸を、息子である欽ちゃんが気遣い続けてきた結果であるようにも思える。

欽ちゃんが芸能の道に入ることを決意したのにも、母親の悲しい姿が関わっていたという。父親の商売は行き詰まり、店をすっかり手放しても、払いきれないほどの借金だけが残ってしまう。借金の取り立てを受け、母親が土下座をして、返済を待ってくれるように懇願している姿を見て、欽ちゃんは「お金もちになりたい！」と強く思ったのである。もともと学業優秀だった欽ちゃんだが、家庭の事情も影響して成績は下降、お金持ちになれそうな方法が、芸能人になることだったのだ。

父親の事業が傾き、浦和の豪邸から、もともと暮らしていた南稲荷町（現・東京都台東区東上野）の小さな家に戻ると、周囲の環境もがらりと変わった。ガキ大将にいじめられないために、欽ちゃんは、相手を「よいしょ」して、自分より強い者に取り入る技を磨いていく。

おそらく欽ちゃんは、すでに相手の顔色や機嫌をうかがう術を、両親や年上のきょうだいたちとの関係で身につけていたと思われるが、新たな境遇で生き延びるために、さらにそれを熟達させたのだろう。

こうした能力は、不安型愛着スタイルの人が、サバイバルのためしばしば身につけるものだが、それはこのタイプの人が生きていく上での強みともなる。観客や出演者の心の機微《きび》を読み取って、笑いを取ったり、心をつかんだりできるのも、逆境の中で身につけたスキルがあったればこそだといえる。

人の助力を得る不思議な能力

不安型愛着スタイルの人は、人から好感を持たれたり、引き立てを受けたり、助力を得たりする不思議な能力を持っていることが多い。このタイプの人がチャンスをつかむ上で、そうした能力を活かすことがとても重要になる。

生きていくための能力とは、必ずしもその人自身の能力である必要はないのだ。自分よりも才覚や財力のある人に取り入って、自分の味方になってもらえば、その人が一生かかっても手に入れられないようなチャンスを、あっというまに、自分のものにできる。

その点、自分の力で何とかしようとするタイプの人では、人の助力を得ることに抵抗があるため、みすみすそうしたチャンスを逃してしまいがちだ。人の力をうまく活用して、大きなチャンスをつかんだり、突破口を開くということができない。

しかし、人に相談して助けを得れば、たちまち解決してしまうという問題も多いのだ。それを避けて、一人で何とかしようと悩み続けるのは、とても効率が悪いし、時間を無駄にしてしまいやすい。

不安型愛着スタイルの人は、人に相談して、助けを得ようとする傾向が強いので、それをうまく活かして信頼できる人に頼れば、道が開け、思わぬチャンスをつかむこともある。

欽ちゃんを救ったのは

借金を返し、母親を喜ばせることを夢見て、コメディアンの道を目指した欽ちゃんだったが、その道は平坦ではなかった。浅草にあった東洋劇場に仕事を得たものの、上がり症のため、セリフがうまく出てこない。朝早くから劇場に行って、ステージの上で大きな声を出す特訓で、上がり症はどうにか克服したが、もっと苦手だったのは、踊り子たちと踊らなければならないダンスだった。

その原因が、リズム感の悪さにあると気づいて、ドラムを独学で習ったりして努力を積んだが、もっと致命的な欠点があったという。それは、コメディアンらしい雰囲気が漂わないことで、いくら練習しても、センスがないのか、ちっとも上達しない。演出家の先生から、向いていないからやめた方がいいと言われ、自分でも自信をなくしてしまった欽ちゃんは、やめることを決意した。

そして、コメディアンの座長格でもある師匠のところに挨拶に行くと、話を聞いた師匠は、本当に辞めたいのかと、欽ちゃんの真意を改めて訊ねたのだった。本当は、まだ辞めたくなかった欽ちゃんの気持ちを確かめると、師匠は演出家のところへ行って、もう少し置いてもらえるように話をつけてくれた。

そのとき、師匠は演出家を説得するために、「才能はないけど、『はい〜っ！』ってあんなに気持ちのいい返事するやつはいない。だから、あの返事だけでここに置いててやってくれ」と頭を下げてくれた。

演出家は、こう言って欽ちゃんを励ましたという。

「この世界で大事なのは、うまいとかへたじゃない。お前のようなドンケツを、劇場のトップが『やめさせないでくれ！』って言ってきた。こういうのが芸の世界では大事なんだ。あいつを応援したい、助けたいって師匠に思わせたんだから、お前、きっと一人前になるよ。一人でも応援してくれる人がいたらやめるな。生涯やめるんじゃないぞ！」

その言葉に、欽ちゃんは嬉し泣きしたという。

その話にはさらに続きがある。

こうして劇場の仕事を続けていた欽ちゃんだったが、また別の火の粉が降りかかってくる。原因は父親だった。別に暮らしていた父親の家が火事になり、焼け出された父親が実家に戻ってきたのだ。それに対して、一家の家計を事実上支えていた二番目の兄が強く反発。身勝手なことばかりしてきた父親の面倒を見る気などないと、強く拒否したのである。

だが、欽ちゃんの反応は違っていた。自分が引き取って、いっしょに暮らすと言い出したのだ。そのためには、アパート代や二人で暮らしていけるだけの生活費が必要になるが、駆け出しのコメディアンの給料ではとても足りない。

欽ちゃんは、しばらくコメディアンは休業し、会社勤めをしようと決意する。自分の目指す道よりも、父親と暮らす方を優先しようとしたのである。

こうした欽ちゃんの反応には、もっと父親との関わりを持ちたかったという子どもの頃からの思いが反映しているに違いない。子ども時代に不足したものを、人は取り戻そうとするものだ。

師匠に事情を話し、しばらく休ませてほしいと切り出すと、師匠はただ、「そうか」と頷《うなず》いただけだった。ところが、次の日、師匠は四万五千円もの大金を差し出して、これは事情を知った座員やスタッフがカンパしてくれた金だと伝えた。そして、「(この金を) 使いきるまではここにいな!」と言ってくれたという。

欽ちゃんはその金を父親に渡したが、結局、父親は母親と高松に帰り、そこでやり直すことになって、欽ちゃんは劇場の仕事を続けることになった。一カ月ももたずにやめる寸前まででいったコメディアンの仕事だったが、一年後には、努力が実って芸も上達し、給料が三倍になっていたという。

どこか寂しそうで、自信なさげで、不安そうにしているこのタイプの人は、大丈夫かなと気にかけて、守ってくれる存在が現れやすい。応援したくなるのだ。

その一方で、頼った相手が悪い輩《やから》だったりすると、うまく利用されてしまう危険もある。不安型のタイプは、関わる人間によって、大きくその運命を左右されることになる。それだけに、頼っていい人かどうか、相手を見極める目を持つことが重要になるだろう。

第2章　不安型愛着スタイルを生む要因と背景

顔色に敏感で、相手の反応ばかりが気になってしまう。見捨てられないか不安で、少しでも冷たくされると、自分がいらなくなったと感じてしまう。自分を利用しようと近づいてくる人にまでいい顔をして、応じてしまう。

そんな「いい人」の面と、期待に反することが起きると、激しい怒りに駆られ別人のようになってしまう面もある。本当は甘えたいのに、意地を張って拒否したり、責め立てたりしてしまう。

そうした不安型愛着スタイルの根底には、強い愛着不安があるが、そうした特性はどのように育まれたのだろうか。

ただ、愛着の問題は、そうした対人関係の問題にとどまらない。不安定な愛着が、近年大きな問題としてクローズアップされているのは、それが単なる心理的、性格的な問題や親子関係の問題ではなく、愛着システムという生理学的な仕組みを介して、不安やストレスに対する耐性、絆の安定性、子育てや夫婦の営み、社会性や共感性、注意力や衝動性のコントロール、心身の健康などを左右する問題でもあるからだ。

現代人に広がっている、うつや不安症、潔癖症、自傷行為や過食症、依存症、ＡＤＨＤなどにも、愛着システムの機能不全がしばしば関わっているのである。

本章では、不安型愛着スタイルを生み出す要因や背景とともに、異常を来している生物学的なメカニズムについて見ていきたい。

その正体はオキシトシン飢餓

愛着の仕組みを担っているのは、オキシトシンというホルモンである。

このオキシトシンは、体内で働くと、女性の場合、母乳の分泌や陣痛を引き起こすのだが、脳内では全く異なる働きをしている。親しみや安心感を高め、フレンドリーで親切な行動を引き起こす。また、落ち着きや優しさを増す。

オキシトシンがうまく働くためには、オキシトシンが放出されるだけでなく、オキシトシンの受容体が必要である。オキシトシン受容体は、一歳半頃までにほどよい世話を受けることで、子どもの脳内に増えていく。ほどよい世話が与えられなかったり、与えられ方のバランスが悪かったりすると、オキシトシン受容体が十分に増えなかったり、あるいは働かなくなる変化が起きたりして、うまく機能しなくなる。

不安定な愛着（愛着障害）が見られるとき、生理学的には、オキシトシンシステムの機能不全が生じていると考えられる。

まだ、十分解明されてはいないが、一つのモデルとして、次のような説明が考えられる。幼い頃から世話が不足している子では、オキシトシンの受容体自体が十分増えず、世話の不足によりオキシトシンの放出も少ない状況で、両者のバランスがそれなりに取れている。これが、回避型の状態だ。

それに対して、ある時期までとても可愛がられて育った子では、オキシトシンの受容体が増えすぎるくらい増えている。ところが、何らかの事情で、愛情や世話が与えられなくなってしまい、オキシトシンの放出が受容体を満たせなくなっている。つまり愛情飢餓の状態で、受容体レベルではオキシトシン飢餓が起きやすくなっている。これが、不安型の状態である。

孤独に身悶《みもだ》えし、愛情や関心を求めて、のたうち回るほどの苦しみを味わってしまうのも、こうしたことが起きていると考えると、ある程度納得がいくかもしれない。ときには、薬物や麻薬によってしか、この渇望を鎮《しず》められないと感じる人もいるが、それほどオキシトシン飢餓は強烈で、その人の人生を狂わせかねない力を持つのである。

一、二歳の時点ですでにその兆候が

不安型愛着スタイルの源を幼い頃にまで遡ると、抵抗・両価型という愛着タイプにいきつく（「両価〔アンビバレンス〕」とは、一つの物事に対して、逆の感情を同時に持つことを意味する）。

逆にいえば、幼い頃、抵抗・両価型を示した人では、すべてではないが、大人になったときに不安型（とらわれ型）愛着スタイルを示しやすいのだ。

では、抵抗・両価型とはどういうタイプなのだろうか。

お母さんがいなくなったとき、強い不安を示し、火がついたように泣き叫んだり、後を追おうとしたり、しがみついて離れようとしなかったりする。別れることへの不安、分離不安が強いのだ。

安定型の子では、母親と離れる際につらそうにはするが、そこまで激しい反応はせず、また迎えにくるからねという母親の言葉を信じ、子どもながらに現実を乗り越えようとする。

回避型の子では、逆にまったくつらそうな顔一つせず、あっさりと母親から離れていくと、おもちゃや遊びの方に夢中になる。

母親と別れる瞬間に、どの愛着タイプかが見事に表われるのだ。

もう一つ、愛着のタイプを示す瞬間がある。母親と再会したときの子どもの反応だ。しばらく離れていて、ようやく自分を迎えにきた母親に対して、安定型の子であれば、素直に喜び、その腕に甘えていこうとする。

だが、抵抗・両価型の子どもでは、そんなふうに素直に甘えられない。せっかく現れた母親に対して、悪態をついたり、抱きしめられるのを拒否したり、母親に拳をふるうことさえある。あんなに会いたくて、求めていたはずの母親に対して、怒りを感じ、拒否や攻撃という天邪鬼《あまのじゃく》な反応を向けてしまうのだ。

どうしてこんなふうに素直でない反応をしてしまうのだろうか。

それは、愛情や世話が、与えられたり与えられなかったりして、不安定にしか満たされていないことによると考えられる。過剰なほどに満たされることもあれば、まったくかまってもらえないこともあるというように、愛情が気まぐれで、当てにならないものでしかないとき、子どもの中に安心感よりも失望や怒りが強まりやすい。

子どもが示す怒りは、愛情が与えられないことへの怒りなのだが、幼いうちであれば、親も多少、煩《わずら》わしいと思いつつも、どうにか対処しようとする。しかし、余裕のない親にとっては、そうした子どもの反応は、子どもがもともと求めている愛情ある関わりを引き出すどころか、逆に、親側のいらだちや怒り、拒否を誘発する場合もある。親は素直でない子どもを「我の強い子」「扱いにくい子」などと見なし、「悪い子」扱いしたり、愛情よりも負担を感じてしまったりする。

それは子どものせいというよりも、愛情や世話の充足度や養育態度によるところが大きいのだが、子どもの困った性質と見なされ、そういう性質を持つ子どもに対する愛情を減らしてしまうこともある。

愛着の問題の怖いところは、その持続性である。一歳や二歳の頃に見られた愛着タイプは、七割ぐらいのケースで、大人になっても認められるとされる。大人になっても、愛情を求めているのに素直に相手に甘えられず、わざと拒否したり、怒りをぶつけたりする。本当は愛しているはずの相手を、痛めつけて自分の苦しさを思い知らせようとする。その反応は、一、二歳の子が示す反応と少しも変わらない。

この段階からすでに、その後の困難の種が蒔《ま》かれているともいえるのだが、まだ、問題として気づかれることは少ない。

一、二歳のときに萌芽が見られる特徴は、大人になる頃には、不安型愛着スタイルとして確立していく。その過程を逆転させ、安定した愛着スタイルを育める場合もあるが、多くの場合、家庭環境やその後の体験が、その傾向を助長してしまう。よく見られる状況を紹介していこう。

◇愛着が傷つけられる事態に巻き込まれた場合

不安型愛着スタイルを生み出す要因となる状況として、まず挙げるべきは、いったん形成されかけていた愛着が、何らかの不幸な事態によりダメージを負い、愛着対象への過剰ともいえる執着やそれを脅かされることに対する過敏さを生んでしまう状況である。

(1) 愛着していた存在がいなくなった場合

典型的な状況の一つは、幼くして母親を失うという状況だ。病気などで亡くなってしまうという場合とともに、両親が離婚して、懐《なつ》いていた母親と離れなければならなくなったという場合もある。近年は、両親が離婚しても、母親が親権を取ることが多く、このような事態は起きにくくなっているが、一昔前までは、離婚すると母親が実家に帰されるということが普通だったため、そうした悲劇が珍しくなかった。

しかし、母親に引き取られる場合でも、母親よりも父親の方に懐いている場合には、その子は安全基地を失うだけでなく、母親とは心から打ち解けられず、次第にぎくしゃくするということも少なくない。

母親よりも祖母が子の面倒を見て、祖母の方に懐いていたという場合、祖母が亡くなってしまうと、愛着対象を失うだけでなく、母親にも心から甘えられず、ぎくしゃくするというケースもある。

代わりの養育者によって、うまく世話や愛情が補われた場合には、影響が少なくなるものの、その子が幼い頃に味わった寄る辺《よるべ》なさや心細さは、その子の愛着スタイルやキャラクター形成に何らかの影を落とすことになる。

不安が強くなり消極的になる場合も多いが、愛情不足を補おうとする本能的ともいえる防衛反応により、テンションが高めで、誰にでも甘えていったり、相手を引き込むような明るい活発さを呈したりする場合もある。また、空想的な存在（イマジナリーフレンド）とおしゃべりしたり、相談したりして、そこに慰めを求めたりする子もいる。

モンゴメリの場合

いまも多くの人に愛され続ける名作『赤毛のアン』の作者ルーシー・モード・モンゴメリは、まだ二歳になる前（一歳九カ月）に母親を病気で失った。棺《ひつぎ》に納められた母親の姿が、生まれて最初の記憶だったという。手を伸ばして母の頬《ほお》に触れたときの冷たい感触を、四十年の月日が経ってもモンゴメリはありありと覚えていた。

一歳九カ月という年齢は、すでに愛着形成を終えた時期に当たる。母親を失う体験は、棺に納められた母親の光景以外には、悲しみも苦痛も、彼女の記憶に残さなかったようだが、幼い心に大きな傷跡を刻まずにはおかなかっただろう。

その後、幼いモンゴメリは、主に祖父母に育てられることになる。美しい自然に包まれたプリンス・エドワード島の農場で、一見不自由なく暮らしながら、平穏に育ったモンゴメリだったが、彼女には、『赤毛のアン』の主人公アンとして描かれた少女と共通するところが少なからずあったようだ。

夢見がちで、快活で、一人おしゃべりしたり、何にでも詩的な名前をつけたり、ガラスに映る自分の姿と、友だちのように対話したり。幼いモンゴメリは、物心つく前に文字を読み、本に親しんだ。やがて文学が、彼女の支えであり希望となる。

彼女の自伝には、意外にも祖父母のことについては、わずかしか書かれていない。親代わりだった存在について、もっと愛情のこもった記載があってもと思われるのだが。さらに記載が少ないのは、父親についてで、父親がいたことを忘れてしまうほどだ。

その父親が登場するのは、彼女が十五歳のときの話で、カナダ内陸部サスカチュワン州のプリンス・アルバートまで初めて汽車に乗って長旅をしたというエピソードにおいてだ。父親は再婚して、この町で暮らしており、モンゴメリは父親のもとから高校に通うことになったのだ。父親には、再婚した妻との間に二歳の子がいて、しかももう一人がお腹の中にいた。

モンゴメリ（23歳の時）

父親との暮らしに夢を膨らませていた彼女を待っていたのは、お手伝いさんのようにこき使われる暮らしとひどい失望だった。一年でプリンス・エドワード島に戻ることになったが、このつらい状況の中、モンゴメリは詩や短編を書き始める。そうすることでしか、心のバランスを保てなかったのだろう。

大学に進むも、経済的に学業の継続が難しく、小学校の先生をしたり、記者の仕事をしたりした。その間も、彼女は時間を捻出《ねんしゅつ》しては、原稿を書き、それを出版社や新聞社に送った。原稿料で何とか生活費を稼げるようになった頃、祖父が急に亡くなってしまう。一人になった祖母を放っておけず、二十三歳のモンゴメリは再び故郷に戻る。それから、祖母が亡くなるまでのおよそ十三年間、祖父の営んでいた郵便局を切り盛りしながら、原稿を書き、祖母の世話をする生活を続けた。

その間に『赤毛のアン』が誕生することになるのだが、彼女の現実の生活は、かなり縛られたものであったと思われる。だからこそ、創作行為に彼女は夢中に打ち込めたともいえる。モンゴメリが結婚したのは、祖母が亡くなってからで、彼女は三十六歳になっていた。

(2) 愛情を奪われる体験

もう一つの頻度の高い状況は、母親や愛情をかけてくれた人がいなくなったわけではないのだが、何らかの事情で、愛情や関心が薄れてしまうという場合だ。

たとえば、下に待望していた男の子が生まれ、弟に親の関心があからさまに移ってしまった場合や、シングルだった母親に恋人ができたり、再婚したりして、母親がそちらの方に夢中になったり、気を遣うようになって、その子のことは二の次になってしまった場合だ。

ハンナ・アーレントの場合

国際政治学者として活躍したハンナ・アーレントは、美しさと知性を兼ね備えた女性だった。しかし、その前半生の愛情生活は波乱に富んだものだった。

技術者の父とピアノの腕前が玄人はだしの母の愛情を一身に受けて、すくすくと育ったかに見えたハンナだったが、幸福だったはずの幼年時代にも、不安型の兆候を思わせるエピソードが残されている。母親がよく父親と二人、旅行に出かけることがあったが、ハンナは、母親がもう戻ってこないのではないのかと、ひどく気をもんでいたというのだ。とはいえ、聡明なハンナの成長に母親は熱心で、その克明な記録を書き残しているほどだ。

ハンナ・アーレント（写真提供：ゲッティ／共同通信イメージズ）

ところが、そんな一家に不幸が襲う。父親が梅毒を病み、悲惨な闘病生活の末、亡くなってしまったのだ。ハンナはまだ七歳だった。

その頃のハンナは、まるで大人がするように、落胆する母親を慰めた。けなげに良い子として振る舞い、母親を支えようとした。ハンナは、父親を失ったとはいえ、その頃はまだ落ち着いていた。母親の愛情を独占でき、母親のことを気遣い、母親を喜ばそうと勉強を頑張るだけでよかったから。

しかし、別の事態がハンナの気持ちを深く傷つけることになる。ハンナが十三歳のとき、母親は、半ば生活のために、また、ハンナが将来よい教育を受けられるようにと、経済力のある男性と再婚したのだ。

男性には、ハンナより年上の二人の娘がいた。母親はハンナよりも、そちらに気を遣うようになり、ハンナは我慢させられることが多くなった。あれほど素直で、母親のことだけを優先し、いたわってきたハンナは、どんどん反抗的で、手に負えない「悪い子」になっていく。

学業成績や授業態度も悪化し、おまけに年上の男性と恋愛事件を起こして、放校処分を受けてしまう。その後、ハンナは一念発起して、大学入学資格試験に合格し、何とか大学に進むことができたが、彼女のキャリアにとっても大きな危機だった。

しかし、どうにか進んだ大学で、ハンナを待ち受けていたのは、さらに大きな波乱だった。当時マールブルク大学で新進気鋭の哲学教授として、その名を高めつつあったマルチン・ハイデガーと出会ったのだ。

ハイデガーは三十五歳の男盛りで、世界的な名著『存在と時間』としてまとめられることになる講義や著作に取り組んでいるところであった。ハイデガーから呼び出されたハンナは、困ったことがあったら何でも相談しなさいという教授の親切な言葉に感動し、次第にハイデガーを頼るようになる。ハンナはハイデガーに理想の父親像を見ていたのかもしれない。

惹かれ合った二人は、秘かに逢瀬《おうせ》を重ねるようになる。ハイデガーには、妻子がいて、教授と女子学生との不倫関係は、大変なスキャンダルとなる危険があった。しかも、ハンナはユダヤ系の出身だったため、当時のドイツでの立場はさらに風当たりの強いものとなろうとしていた。

結局、二人は別れることになるのだが、ハンナがハイデルベルク大学に移った後も、ハイデガーから連絡があるたびに、ハンナは逢瀬の場所に駆けつけてしまうのだった。

しかし、その関係もついに終わる。名声が高まり、正教授への就任が決まったハイデガーが、ハンナとの関係を清算する決断をし、ハンナもハイデガーの立場を慮《おもんぱか》って、それを受け入れたのだ。

その後、ハンナはドイツを追われ、フランスやアメリカに渡って、研究を続けることになる。彼女はナチズムを生み出した社会の病理を研究し、『全体主義の起源』を出版、国際政治学者として世界的に認められる存在となる。

一方、ハイデガーはドイツの敗戦後、ナチス政権に協力したことで糾弾を受け、大学の地位も失う。ハイデガーに対して最初は批判的だったハンナだったが、再会を果たした後、一転ハイデガーを擁護する側に回り、哲学者としてのハイデガーの復権に重要な役割を果たした。ハンナにとって、偉大な師であるとともに、父親のような存在であり、愛する存在でもあったハイデガーを、見捨てることはできなかったのだ。

（3）横暴な父親とその顔色を見る母親

不安型愛着スタイルを育む家庭環境にしばしば見られる組み合わせの一つは、父親の機嫌や顔色が家庭を支配し、母親や家族は父親を怒らせないように迎合し、機嫌を取って何とか平穏を維持している状況で、このような古典的な亭主関白の家庭の出身者によく出会う。いわば父親の自己愛を中心に家庭が回っており、母親をはじめ、子どももそれにかしずくことを求められる。母親も父親の意向に逆らうことができず、父親の顔色をうかがいながら、父親の雷が落ちないことが最優先される。

この場合、母親も、不安型愛着スタイルの持ち主で、その中でも依存性が強いタイプである。母親は、夫抜きには何もできないと思い込んでおり、夫の意向が絶対だと思っている。

そうした母親を見習いながら大きくなった子どもは、母親と同じように父親の機嫌をうかがうようになるか、強く反発して、早く自立するかのどちらかに向かいやすい。依存的で自己主張を持たない、弱い母親であっても、そんな母親を気の毒と思い、それゆえ、母親の役割をいっしょに担ったり、身代わりになったりすることで、母親を助けようとする子もいれば、横暴な父親とはいえ、その人が一家の基準であるため、父親に認められよう、努力し愛されようとする場合もある。

母親への愛着が薄い場合は、父親に支配されている母親も、母親に威張り散らしている父親も、どちらも理想の親とは程遠く感じられ、拒否して、離れていく方向に向かう。

回避型の子では、後者の傾向が早くから見られるが、不安型の子では、母親に対しても父親に対しても執着する気持ちが満たされていないため、なかなか親を捨てられず、その支配圏にとどまり続け、親の都合に振り回される状況が長引きやすい。

父親が横暴で、母親が忍従を強いられているという家庭で育った子どもは、父親の顔色をうかがうだけでなく、母親の顔色もうかがうことになる。父親が機嫌を損じ、怒り出したり、詰問を始めたりしないかとビクビクすると同時に、母親が悲しそうな顔をしていないか、傷ついて落ち込んでいないか、父親には出せないストレスやイライラを、自分に向けてきはしないか、いつも気にかけなければならない。もちろん、父親が母親に手を振り上げたりすれば、その子自身が同じ目に遭わされているように、深く傷つくことになる。

父親が継父で、義理の関係だったりすると、義父に対する遠慮や母親への配慮から、言いたいことも言えず、また、母親を取られたという思いをともなっていることも重なって、彼らの顔色に対してより敏感にならざるを得ない。

こうした場合も、母親が安定していて、変わらない愛情と関心を注いでくれていれば、子どもは、母親の顔色まで気にする必要がなく、たとえ父親の機嫌や態度をうかがわなければならないとしても、その悪影響は薄らぐ。母親が防波堤になってくれているといえるだろう。

（４）近年は母親の顔色に支配されたケースが多い

かつては、前項で述べたような横暴な父親の顔色に支配されて育ったというケースが多かった。したがって、すでに中高年になっている世代で、不安型愛着スタイルに苦しんでいるという人では、父親の存在が大きな影を落としていることがしばしばだ。

だが、時代とともに父親の影が薄くなり、顔色に支配されるという場合も、父親よりも母親の顔色ばかり見て育ったというケースが多くなり、特に近年、その傾向が強い。

母親が存在感を増したのには、核家族化や小家族化の流れの中で、母親だけのひとり親家庭が増えていることも関わっているが、父親の権威の低下や、父親が長時間労働や単身赴任などで実質的に不在であるという状況が当たり前になってきたことも挙げられる。

さらに、少子化できょうだいの数が減り、子どもに対する母親の関与が濃くなっているということもあるだろう。

いずれにしても、父親の関わりが減る一方で、母親のプレゼンスが増している。

母親の顔色が、子どもを支配し、子どもの不安型愛着スタイルを助長するという場合にも、いくつかタイプがある。

①情緒不安定な母親

その一つは、情緒不安定な母親の場合である。

たとえば、母親自身が、自分をうまく支えられず、落ち込んだり、子どものように泣いたり、リストカットをしたり、死のうとしたりする場合には、子どもは、母親が本当に死んでしまうのではないか、いなくなってしまうのではないかと、安心感とは程遠い気持ちを抱えながら日々過ごさなければならない。

気分が変わりやすく、とても上機嫌に可愛がってくれるかと思えば、些細なことで不機嫌になって、責め立てたり、ときには激昂して、「お前なんか生まなければよかった」とか「あんたなんか、うちの子でない」と存在自体を否定するような言葉を投げつけたりすると、安心感の土台が育まれず、たとえいま楽しく過ごしていても、いつ何時消え去ってしまうかわからない儚《はかな》い関係になってしまい、本当の意味での信頼感が育まれない。

②自分が中心でないと機嫌が悪い母親

もう一つは、母親が、自己愛性の傾向を強く持っている場合だ。

不安定な傾向はなく、むしろ自信に満ち、実際に能力や学歴、社会的ステータスや職業、容姿や立ち居振る舞いの点でも優れていることも多く、第三者的には「立派な親」「魅力的で、羨《うらや》ましい存在」と映ることも多いのだが、もっと近くで接すると、何事もその人が中心に回っていないと気が済まず、その人のことが少しでも後回しになったり、ないがしろにされたりすると、不機嫌になり怒り出す。

そうした存在が父親であっても、いろいろ問題が生じやすいが、母親であった場合には、子どもはもっと愛情不足や関心不足を味わいやすい。子どもが輝けるように支えとなるよりも、母親自身が輝いていたいという思いが強いため、知らず知らずのうちに子どもの方が脇役の地位に置かれてしまう。

子どもと競い合いそうになったとき、親の方が子どもに「主役」の地位を譲ることが、子どもの自己愛の健全な成長には必要だが、親の方が「主役」の地位に居座り続けてしまう。

自己愛性の強い母親が機嫌を損ねると、後で面倒なことになりやすいため、子どもたちも賞賛する側に回り、母親の機嫌や満足を優先するようになる。子どもの満たされない自己顕示欲求は、自信のなさや自己肯定感の乏しさとなるか、歪《いびつ》に肥大した形で、大人になった後も引きずられてしまいやすい。

自己愛の強い親は、相手への共感に欠け、冷たい面を見せがちで、子どもは関わり不足から回避型になる場合もあるが、親が自分の理想や基準にかなったときだけ賞賛してくれ、それ以外のときにはそっぽを向くという対応になると、愛されたいのに愛されないという葛藤が強まり、不安型愛着スタイルを助長してしまう。

サガンの愛情飢餓と母親との関係

十八歳のときに初めて書いた小説が、空前の大ヒットとなり、一躍スター作家となったサガン。電力会社の重役である父親を持ち、恵まれたブルジョア家庭に生まれ、三人兄弟の末っ子として特別に甘やかされて育った、人も羨むようなラッキーガールが、なぜアルコールや薬物、そして身を滅ぼしかねないスピード狂やギャンブルに溺れていかねばならなかったのか。

サガンの孤独と愛情飢餓の根源は、母親との関係にあったようだ。母親は、外から見る限りでは、理想的な母親とも映るのだが、決定的な一つのことが欠けていた。彼女はあまり子育てに関心がなかった上に、サガンには、特に関心が持てない理由があった。サガンと上のきょうだいとの間には、少し年齢が離れているが、実はその間にはもう一人兄がいたのだ。

その兄は幼くして亡くなってしまう。その後、生まれたのがサガンだった。子どもを亡くした親の心理として、新たに生まれてくる子どもを、亡くなったわが子の生まれ代わりのように感じてしまうということがある。だが、生まれたのが女の子だと知ったとき、母親は戸惑いを覚えたに違いない。それでも、世話をするうちに、かけがえのない存在となるものだが、一家は裕福で、子育ても下女がやってくれたので、母親はサガンに関心が持てないまま、彼女は育っていくこととなる。

いや、そもそも亡くなった幼い兄に対して、母親がどれだけ愛情を持って育てていたのかにも疑問が呈されている。兄のモーリスは、暑い日にベビーベッドで脱水状態で亡くなっていたのだ。

③自分のルールを押し付けてしまう親

三つ目のタイプは、義務感やきちんとさせようとする思いが強い親で、前の二者よりもさらに問題に気づかれにくい。とても献身的で愛情深い、理想の母親と、周囲も母親自身も思っていることが多いタイプである。

だが、子どもの立場からすると、押し付けられ感や口うるさい感じがあり、注意や叱責を受けないように、つい親の顔色をうかがってしまうようになる。親のルールが基準であり、それ以外は認められない。その子にとってどうかということは、あまり顧みられず、親がそうでないとダメと思い込んでいる価値観や基準が強制される。

本来、子どもがのびのびと自分の可能性を発揮できるためには、子どもが求めていることには応えるが、求めてもいないことには手出し、口出しをしないという応答性の原理がとても重要になる。ところが、この部分が無視されて、本人の気持ちに関係なく、親の思いの方が優先されてしまう。

一見すると、とても献身的で、手厚く世話や愛情を注いでいるように見えるのだが、実は、親がやりたいこと、やらせたいことを強いているだけという面が見えてくる。安定した愛着を形成するためには、安全基地となることが求められ、そのための大事な条件の一つは、共感的な応答ができているかどうかということなのだが、一方的な押し付けになってしまう。

その差はとても小さなことに見えて、限りなく大きい。実際、自分の基準を押し付けてしまう関わり方は、それが熱心であればあるほど、むしろ虐待になってしまうこともあるからだ。

最近、身近で、こうした母親との関係に苦しんでいるケースが増えている。

適応障害の裏に見えてきた母親の押し付け──麻奈美さんのケース

麻奈美さん（仮名）は、三十代の女性で、最近、会社に行くのがつらくなっている。仕事自体は、やりがいがあると感じているが、男性の同僚との関係が重荷に感じられる。もともとは親切にしてくれていたのだが、少し気を許しているうちに、セクハラまがいなことを言ってくるようになり、それで距離を取ろうとすると、今度は、あら探しをされたり、意地悪な発言をされたりするようになったのだ。

自分としては、相手との関係を大事にしようとしていたことが、こんな形で返ってきたことに、すっかり自信をなくしている。

それだけの情報だと、同僚からのハラスメントによる適応障害のケースだといえるだろう。実際、会社をひとまず休むことにして、順調に回復していたのだが、それですんなりとはいかなかったのだ。適応障害であれば、仕事を休むことで回復するのが普通だが、彼女の場合は、ときどき悪化してしまうのだ。

話を聞いていると、悪化のきっかけとなるのは、たいてい母親がやってきた後だった。通常ならば、母親と会っていろいろ話をすれば、いっそう気持ちが楽になるものだが、彼女の場合は逆だった。母親に会う前から緊張感があり、母親に会うと、その態度や言われたことによってもやもやした思いが強まり、すっかり落ち込んでしまうのだ。

麻奈美さんは小さい頃から、母親の自慢の娘で、麻奈美さんも母親を尊敬していて、何事も母親の意見に従ってきたという。だが、結婚した頃から、母親の考え方に違和感や反発を覚えるようになった。

それでも、母は娘のことを誰よりも考えてくれて、一番いいと思うアドバイスをしてくれているのだと思おうとした。しかし、母が夫の悪口を言ったり、子育てに口をはさんでくるようになると、話をするたびに、ほっとするよりもイライラや不快さが募るようになっていた。

考えてみると、母は麻奈美さんの話をただ聞いて、大丈夫、よくやっていると、そのまま肯定してくれたことが一度もなかった。娘の話を聞くよりも、ただ正しいことを教えようと、こうしなさい、ああしなさいと言うだけだった。

そんな母と会うと、気が楽になるより、かえって気疲れしてしまうので、母に頼ることを避けるようになった。母に手伝ってもらうのが嫌で、子どもができて大変なときも自分一人で何とかしようとしていたということも、疲れてしまった一因だった。

しかし、母が来ると、余計に落ち込むようなことが起きる。調子が悪くなり、休みがちになってからも、「仕事はやめない方がいい」とか、「やめたら、あんないい会社の社員にはもうなれないよ」とか、逃げ道をふさぐようなことを言うのだ。

母は、娘の健康や精神状態よりも、世間で一流と呼ばれる会社の正社員でいることの方を優先するのかと思い、そう思うと、これまでに母親から言われたり、されてきたことが、いつも麻奈美さんよりも母親の基準を押し付けることだったなと思えてくるのだった。

それに従うしかないと自分を殺し、相手に合わせる生き方をしてきたことが、ハラスメントにもはっきりとノーと言えないことにつながっているように思えてきたのだ。

その後、麻奈美さんは、初めて母親の意見に逆らって、会社をやめ、もっと自分に合った働き方をすることを選んだ。

(5) いじめられた体験や恥辱的な体験

養育者との関係以外にも、友だちから拒否されたり、裏切られたり、否定的な言葉で傷つけられたりすることは、愛着に傷を与え、また同じように拒否されたり嫌われたりするのではないかという不安を植え付ける結果、愛着不安を高めることになりやすい。

養育者との関係で、すでに人に対して安心感が持ちづらい傾向を抱えている場合には、こうした体験は、さらにその傾向を増強してしまう。その場合、単なる不安型ではなく、回避型が同居する「恐れ・回避型」を呈することも多い。

◇遺伝要因や生理学的・脳機能的要因

(1) 遺伝子タイプが不利な環境要因の影響を左右する

どういう愛着スタイルが生まれるかには、養育要因の影響が大きいと考えられている。しかし、遺伝要因などの生得的な要因も少なからず関係している。

たとえば、近年の研究（Schneider-Hassloff et al., 2016）で、オキシトシン受容体の遺伝子タイプにより、同じように不遇な境遇で育っても、愛着の安定性などに違いが生まれることが示された。その遺伝子タイプは、メンタライジングと呼ばれる他者や自分自身の心の状態を理解する能力とも関係していた。

生まれ持った特性として、心を理解する能力が高い場合には、幼い頃の不安定な愛着を挽回して、安定した愛着スタイルを手に入れるチャンスがあるが、心を理解する能力がもともと弱い場合には、負の影響を引きずりやすいことになる。

不安の制御に関わるセロトニン受容体の遺伝子タイプとの関連も報告されている。不安を感じやすい遺伝子タイプの持ち主では、後年、不安型愛着スタイルを示しやすい傾向が軽度ながら認められている。

メンタライジングに苦手さのある子や不安を感じやすい子では、不利な環境の影響を受けやすいと考えられるので、いっそうの配慮が必要といえる。

後者のタイプについて付言すれば、幼稚園や保育所への行き渋りが強いとか、母親と別れることに強く抵抗し、長時間泣いているという場合には、不安を感じやすい遺伝的気質が推測されるので、保育の時期を少し遅らせるとか、短時間ずつ慣らしていくといった配慮が本当は望ましい。

(2) 右脳優位で、感情に流されやすい特性

脳の機能的特性との関係についても、一つの重要な特徴が報告されている。不安型愛着スタイルの人では、左脳に比して、右脳の反応が活発な傾向があるという特徴が認められ、情緒的な反応が、論理的な思考による制御を飛び越えて、過剰反応しやすい傾向を生んでいるとも考えられている。

こうした特性は遺伝要因だけでなく、いつ何時、強い情動にさらされるかわからないという、安心感の乏しい境遇で育ったことが関わっているのかもしれない。

不安型愛着スタイルの判定

不安型愛着スタイルは、疾患や障害ではないので、診断基準があるわけではない。しかし、多くの研究が積み重ねられ、医学的な概念として確立されてきている。愛着スタイルの判定

では、特徴的な対人関係や、感情・行動の様式が認められるだけでなく、それが親などの養育者との関係に由来することが裏付けられる必要がある。

そのため、たとえば、相手の顔色や反応を過度に気にするというだけでは不十分で、子どもの頃から、親の顔色や反応を気にしていたかどうかということが、判定する上で重要なポイントになる。

ただ、親に対する自分の反応というものを客観的に振り返ることは、そう容易ではない。親に対してよく思っているか、腹立たしく思っているかで、問いに対する応えは正反対なものになりやすい。

しかも、同じ人物でも、時間経過の中で、親に対する感情が正反対に変化することも珍しくない。たとえば、母親とはとても仲がよくて、誰よりも母親のことが好きだと感じていた時期があったのに、いまでは、母親のことを考えただけでも怒りがこみ上げてくるという人もいる。どちらの時期かによって、親に対する評価は正反対になってしまう。

親との関係がいいか悪いかということだけでは、愛着が安定したものか否かを見分けることは難しい。

見かけ上、関係がよい場合でも、不安型愛着スタイルだと見分けられる特徴として、親の感情や評価、意向に強く左右されやすいことが挙げられる。気持ちよく過ごしていたのに、母親が泣いていたり怒り出したりすると、たちまちその人の気分も、悲しみや怒りに塗りつぶされてしまうという場合には、親の感情に支配され、振り回されやすいことを示している。母親の言葉や意見によって、自分の考えや評価が簡単に覆《くつがえ》されてしまうという場合も同じだ。

もう一つの大きな特徴は、その親に対する評価がとても高く、何よりも優先しているか、ひどく嫌い、こき下ろしているか。どちらか極端になりやすいという点だ。関係がよい場合も、過度に尽くしすぎているとか、とても尊敬しているという場合には、心理的な支配が続いていることが疑われる。

こうした傾向が見られ、第1章で見た六つの特徴のうち四つ以上が認められる場合には、不安型愛着スタイルと判定してよいだろう。

愛着スタイルは、安定型、回避型、不安型など、それぞれの傾向のバランスで見ることも必要だ。そのため、巻末に**【愛着スタイル診断テスト】**を掲載しているので、参考にしてほしい。

第3章　不安型愛着スタイルのサブタイプ

不安型愛着スタイルの持ち主にも、プライドや理想が高く、こうあるべきという自分の考えをしっかり持ったタイプと、状況に流されやすく、優しくしてくれると、すぐになびいてしまい、自分を安売りしがちなタイプがある。前者は自己愛性パーソナリティや強迫性パーソナリティの傾向を併せ持つタイプで、人の顔色をうかがいながら生きてきたがゆえの鋭敏さとともに、妥協しない頑固さも備えている。

それに対して、不安型愛着スタイルに、より一般的で、しばしば見られるのは、後者のタイプで、自分の価値基準や理想さえも、状況次第でやすやすと変わってしまい、相手に依存し従属してしまう、依存性パーソナリティのタイプである。

同じように不安定で、安心感の乏しい養育環境に育っても、遺伝的な特性や、養育環境が不安定になるときまでに、その人がすでに身につけていた気質によって、出来上がるパーソナリティは異なったものとなる。その一方で、同じ愛着スタイルは、パーソナリティの特性が一見異なる場合も、共通する特性を帯びさせる。対人関係、ことに親密な対人関係の部分で、その特徴を露《あら》わにする。

不安型愛着スタイルに見られやすい代表的なタイプ（サブタイプ）を見てみよう。

１．依存性タイプ

不安型愛着スタイルの中でも、他人の顔色に支配されやすく、尽くしてしまう傾向を強く持った、もっとも中核的なタイプである。

このタイプの依存欲求の強さは、身近によく見られるある特徴として表われる。それは「占い好き」ということだ。この占い好きという傾向は、単に自分の未来や運命に関心があるということではない。むしろ、自分の運命や未来というものを、他人の判断や意思にゆだねてしまいやすいということだ。それは、他人の言葉や考えに支配されやすいということでもある。

このタイプの人は、占いを好むだけでなく、ときには占い師や身近にいる占い師的な存在に依存して、その言いなりになってしまう。

占いが、宗教や思想、社会活動に代わることもあれば、暴力や権力、心理的な力で支配しようとする存在に代わることもある。自分の意思ではなく、他者の意思に操られてしまいやすいのだ。

このタイプの人は、自分の運命や自分のなすべきことを、自分よりもよく知っている存在がいると思ってしまう。そうした能力と確信を持った存在に頼った方が、自分のようなものが判断するよりも、正しい判断ができると思っている。自分に自信がないため、自分の人生や大事な決断に対して、自分が決定することに危うさを感じてしまう。

しかし、実際には、自分に対する責任から逃れ、他人に大事な決断をゆだねてしまうことの方が、大きな危険や損失を招いてしまう。自分から主体的に判断する権利を手放し、相手の意のままになることは、相手に支配を許すことにほかならないし、自分がリスクを背負って決断することから逃れることは、自己決定する能力を鍛える機会を放棄することになる。決断を他の人に頼ることを繰り返すことで、余計に決断できない性格になってしまう。

自分で決められず、人に決めてもらうことは、人に自分を操ってもらうようなものだが、操る立場に置かれた人が、少しでも邪《よこしま》な心を抱いたり、その人よりも、自分の都合や利益を優先したりすると、たちまち搾取を受けたり、マインドコントロールされたりしやすい。

依存性タイプの人が陥りやすいもう一つの落とし穴は、異性に依存してしまうことである。心に安全基地を持たず、自分で自分を支えられないため、誰彼かまわず頼ろうとしてしまう

 こともある。寄ってきた見かけ倒しの存在や、その人にふさわしくない相手でも、まるで救世主のように勘違いしたり、急場しのぎの安らぎを得ようとして、すがりついてしまう。その代償が一生の不作になってしまうこともある。

人から支配された人生ではなく、自分本来の人生を手に入れたいと思うのなら、自分に代わって誰かに決めてもらうということをやめることだ。その第一歩として、占いを気にしたり、頼ったりすることを卒業することである。

志穂さん（仮名）は、高一のときに母親が別の男性のもとに走り、捨てられてしまうという目に遭っていた。家に居場所はなく、バイト先の店長だった男性が接近してきたとき、救い主に出会ったように受け入れてしまった。

志穂さんは初めて、自分のすべてをわかってくれる存在に出会ったように感じていた。しかし、店長には家庭があり、そんな中途半端な関係に耐えられなくなるのは時間の問題だった。

それから、この人だと思う人に会うたびに、恋に落ち、体を許し、すべてを捧げて尽くすのだが、そのうちアラが見えて、嫌気がさすということを繰り返すのだった。

志穂さんが自分の問題を自覚し真剣に向き合うようになったのは、結婚して安定したはずだったのに、再び同じことを繰り返していることに気づくようになってからだった。

2. 強迫性タイプ

他人に認めてもらおうとして、義務や責任を忠実に果たし、何事も完璧なまでに頑張り抜こうとする生真面目なタイプである。

こうしなければならないという義務感や自分の中のルールに縛られている。

このタイプの人が捧げようとする献身的な愛情は、相手に捧げられたもののはずであるが、実は、そうせずには自分のバランスを保てない、献身する側の事情によるものでもある。そのため、どうしても押し付け的な愛情や世話の要素をすでに抱えている。

自分が絶対やらなければいけないと思っていることも、ほとんどは、自分が「良い子」「いい人」でなければならないと思っている考えと同じように、単なる思い込みであることが多い。その思い込みを捨ててしまえば、どれだけ楽になることか。

自分が突然、急病で入院してしまったと考えてみたらいい。そうなったら、その人が絶対しなければならないと思っていることも、諦めるしかなくなるし、そうなったからといって、案外どうということもなく、物事は回っていくものだ。絶対しなければと思っていることができなくても、大して問題はないのだ。

強迫性のタイプは、義務感が強く、手が抜けない。何事においても頑張りすぎ、それを限界がくるまで続けてしまうことも多い。そのため、心身を傷めてしまうことにもなりやすい。それを防ぐために、日頃から、やらねばならないことが十あったとしても、それを全部一度にやろうとせずに、分けることがとても重要だ。取りかかる前に、分ける操作をする。少し余裕を持ってできる量に分けることが、何事もうまくいくコツである。

気配りと責任感の人、リンカーン

アメリカ第十六代大統領で、奴隷解放宣言やゲティスバーグ演説における「人民の、人民による、人民のための政治」という名文句でも知られるエイブラハム・リンカーンは、大変な気遣いの人で、身分や貧富の隔《へだ》てなく、相手が不快な思いをしないように心配りをすることを常とした。それは、パフォーマンスではなく、人柄から滲み出た優しさだった。

一方、いつも憂鬱《ゆううつ》になりがちな気質を備えていたことを考えると、何気なく見えるサービス精神の陰には、大変な努力をともなっていたに違いない。

ただ気配りが行きすぎて、弱腰だとか優柔不断だと見なされることもあった。大統領となってからも、明らかに不適格な閣僚や失策をやらかした将軍の首をなかなか切れなかった。自分に造反行為を働く閣僚とさえ、何とかうまくやろうとした。

そうした気配りは、彼が九歳のときに母親を亡くし、継母やその三人の連れ子たちともうまくやらなければならなかったという、苦労の多い境遇と不可分だっただろう。リンカーンは、その継母に気に入られ、実の子以上に愛されるほど、継母ともうまく付き合った。彼は進んで手伝いや家の用事をし、一度も不平や不満を言うことはなかった。

彼を特徴づけるのは、気遣いとともに、責任感や義務感、忍耐心の強さだった。彼の大統領としての在任期間は、ほぼ南北戦争の期間でもあったが、苦境に立たされ、誹謗中傷が強まったときも、まだ十一歳の三男を腸チフスで亡くしたときも、彼は驚くべき克己心《こっきしん》で、少しもブレることなく自分の責任を全うしようとした。気配りや優しさとともに、彼の私欲を超えた責任感の強さを、閣僚も兵士も国民も知っていたから、彼のもとにまとまり続けることができたのだ。

貧しく本を買うこともできなかったリンカーン少年の唯一の楽しみは、借りた本を読むことで、シェークスピアなどの古典から、当時流行の小説まで熱心に読んでいた。大統領になってからの楽しみは、観劇に出かけることだった。

凶弾に倒れた日、陸軍長官から警告を受けていたこともあり、観劇を取りやめてはという話もあった。だが、律儀なリンカーンは、自分が来場するのを知っている観客を落胆させたくないと、予定通り出かけることにしたのだ。

3．回避性タイプ

人に受け入れられたい、認められたいという気持ちが強いにもかかわらず、失敗や傷つくことを恐れ、親密な関係になることやチャレンジを避けてしまうタイプである。

注意すべきは、もともと人との関係に対して関心が薄く、親密な関係へのニーズが低い回避型愛着スタイルとは異なり、本音では親密な関係を求めているということである。不安型というよりも、「恐れ・回避型」と呼ばれる愛着スタイルがベースにあることが多い。

4. 境界性タイプ

愛されたいという強い飢餓感と、どうせ自分は見捨てられるという愛情を信じられない思いが、両価的なジレンマとなり、せめぎ合っているタイプで、親密な関係になった瞬間に、このジレンマのスイッチが入ってしまう。

素晴らしい恋人だった存在は、すべてを貪《むさぼ》り尽くそうとするモンスターや、情け容赦ない攻撃者に様変わりする。うわべの自信や魅力や優しい気遣いからは想像できない、空虚と自己否定と暗黒が心に空洞を作っていて、そこには、慢性的な希死念慮《きしねんりょ》や強い怒り、破壊衝動といったものが巣くっている。

このタイプは、不安型愛着スタイルに加えて、見捨てられる体験によって傷つけられた「未解決型」愛着スタイルが、生々しい傷を抱えたまま同居しているのが特徴である。

5. 自己愛性タイプ

自己愛性とは、幼い誇大自己や万能感が残り、過剰な自信や理想的な自分への陶酔、自己顕示が強い一方で、他者を心から思いやる共感性が未発達なため、相手を都合よく利用しようとする点を特徴とするタイプである。

一見、他者優先で気遣いの過剰な不安型愛着スタイルと正反対にも思えるが、実際には、両者が併存することも珍しくない。

たとえば、自己愛性の強い、思いやりや共感の乏しい母親に育てられた場合など、顔色を見て、周囲の機嫌を損じないように献身する一方で、子どもの頃、満たされなかった幼い自己顕示性や万能感が残り、自慢話を好んだり、理想的な夢にとらわれたり、自分の思い通りになる存在に対して傲慢《ごうまん》な女王のように振る舞ったりする。

ココ・シャネルの場合

ファッションの世界で、今日も不動の地位を持つブランド、シャネルを生み出したココ・シャネルの人生には、常に孤独がつきまとった。

一人でいることは、必ずしも孤独ではない。孤独を感じる心を持っているから、孤独なのである。大勢の中で華やかに活躍していても、社交界の女王のような存在であっても、満たされない孤独を抱えてしまうのは、決して癒やされることのない愛着の傷を抱えていたからだ。

ココ・シャネル（写真提供：ゲッティ／共同通信イメージズ）

ココ・シャネルは六歳になるかならないかのときに、母親を失った。父親は、遺された三人の娘のうち二人の姉を尼僧院《にそういん》に入れ、まだ幼かった末娘ココの始末に困ると、二人の伯母のもとに預けることにしたのだ。伯母といっても、亡くなった母親の従姉《いとこ》で、静かに姉妹二人でつつましく暮らしていた彼女たちにすれば、とんだお荷物を押し付けられたことになるだろう。
ココは、伯母たちの家に初めてたどり着いたときのことを鮮明に覚えていた。父親に連れられて丸一日何も食べずに旅をしてきたので、おなかをペコペコに空かしていた。しかし、夕食を終えていた伯母が出してくれたのは、半熟卵二つだけだった。出された卵を前に、ココが叫んだ言葉は、「卵なんて大嫌い！」だった。本当は大好きな卵だったが、伯母たちの気持ちのなさに、ココはそう言わずにはいられなかったのだ。

本当は求めているのに、怒りで拒否してしまうという反応は、その後のココが何度も繰り返す行動パターンだったが、これこそ「抵抗・両価型」と呼ばれる不安定な愛着の子どもに見られる典型的な反応でもあった。

その後、ココ・シャネルは語っている。「あたしは、なんにでも、ノン、といった。それは愛されたいという、激しい生命の欲求からほとばしり出る結果だった」

人一倍愛情に飢えたココが、伯母たちから期待するような愛情や世話を受けられることはなかった。ココは伯母たちのすることなすこと、口にする言葉の一言一言に、自分に対する愛情よりも、煩わしさやけちくさい態度を見せつけられ、傷ついたのである。

彼女は伯母たちを憎たらしいと思い、嫌っていたが、その一方で伯母たちからの優しさを求めていた。まだ幼いココには、不完全な愛情であろうと、そこにしかすがることができなかったからだ。

伯母たちは保守的で敬虔なカトリック教徒で、聖書の教理をそのまま信じ、ココにもそらで言わせた。ココは古い聖書を小さく破いて、こっそり手元に忍ばせ、見事に暗唱して、伯母たちを喜ばせた。実際のココは、伯母たちに反抗ばかりしていたわけではなかった。むしろ気に入られようと涙ぐましい努力をしていたのである。人前ではよい子を演じ、しっかりして、よく気のつく子だと思われていた。彼女は二面性を抱えざるを得なかった。

ココ・シャネルを語る上で、孤独と並んで、彼女の最大の特徴として自身が認めていることは、傲慢さだ。それは彼女の欠点であるとともに、長所であり、不可欠な個性であった。その傲慢さは、自分の本心に反して、意地をはってノンと言わずにはいられない、自分に愛情や関心をたっぷり注いでくれない他者に対する怒りに由来するように思われる。彼女は、自分に無関心な他者を見下し、拒否することで、自らのプライドを守ろうとしたのである。ココは表立って反抗できない代わりに、嘘をつき、盗み食いをし、物をちょろまかした。

しかも、父親はココを伯母たちに引き渡すと、アメリカに向けて旅立ってしまう。そして二度と迎えに現れることはなかった。母親を失ったココは、父親からも捨てられたのである。

父親の手紙を心待ちにしていたココだったが、やがて便りも途絶えてしまう。必ず迎えにくると言った父親の約束が、もう果たされる見込みがないことは、子どものココにもわかった。その頃、ココは死ぬことを考えるようになったという。

死を願う気持ちは、現実に希望を失った結果でもあったが、もう一つの意味を持っていた。それは、伯母たちへの腹いせだ。自分が自殺すれば、敬虔な伯母たちがどれほどショックを受け、また世間から冷たい目を向けられるか、ココはその状況を想像し、悦《えつ》に入《い》らずにはいられなかった。自分に優しくしなかったことを伯母たちに後悔させ、二度と消えることがないくらいのダメージを与えてやりたかったのだ。

愛情を求めるがゆえに、傷つけてやりたいと思う両価的な心の動きは、不安型愛着スタイルの人にしばしば見られる特徴的な力動だが、まだ十歳になる前から、そんな二極化した気持ちを抱えながら育ったのである。愛されないことへの怒りと復讐。それは、ココ・シャネルの人生を動かす、陰の原動力となる。

自己愛性を帯びた不安型を生み出すのは

典型的な自己愛性パーソナリティの人というのは、不安型愛着スタイルではなく、回避型愛着スタイルを備えていることが多い。他者にはそもそも愛情や情緒的交わりを期待せず、自分だけで自立し、自己完結した生き方を好む回避型のスタイルは、自分だけを特別視し、他者を見下す自己愛性の存在スタイルと馴染みやすいのである。

共感的な愛情や関わりが不足した境遇で、表面的には過保護に、何でも許され、与えられて育てば、共感や他者への思いやりは乏しく、自分を第一優先に考えることを当然だと思う自己愛性パーソナリティが出来上がるが、彼らは、他者との情緒的なつながりを重視せず、打算的な利得や自分の職業的な達成を優先するという点で、回避型愛着スタイルの特徴を示している。

ところが、安心感が乏しく、「良い子」を演じなければならないような境遇で育った場合でも、強い自我や自分へのこだわりを持ち、頑固さや反抗をうちに秘めて育つと、不安型愛着スタイルと自己愛性が融合したパーソナリティが生まれる。

これは、本来、稀《まれ》な組み合わせだったが、現代人には増えているようにも思える。

また、この組み合わせは、クリエイティビティと深く関係しているようにも思える。繊細で、感受性の強い性向と、自己への執着という二つの要素は、芸術的な創造に不可欠なもので、両者が強烈にせめぎ合うことが、個性的な創造につながるのかもしれない。

たとえば、次の岡本太郎の場合にも、その組み合わせが認められる。

岡本太郎の場合

太陽の塔などのデザインや美術評論で名をなし、「芸術は爆発だ」というキャッチコピーでも一世を風靡《ふうび》した岡本太郎は、両親とも有名な文化人という特殊な環境で育った。父親は漫画家の岡本一平で、新聞に長く漫画を連載し、職業漫画家として成功した最初の人物でもあった。母親の岡本かの子は作家であり歌人としても活躍し、後半生では、夫以上の有名人となった。

岡本太郎（写真提供：共同通信社）

かの子は、明らかに不安定な愛着を抱えていて、文学への傾倒も、それによって何とかバランスを保とうとする自己治癒行為であったと思われる。慢性的なうつや希死念慮に悩まされ、精神科で入院治療を受けたこともあった。

ずっと年上で、すでに漫画家として成功していた岡本一平は、かの子にとって、対等なパートナーというよりも、自分を守り、支えてくれる庇護者《ひごしゃ》であった。かの子に対して、父親的な保護者としての愛情を注いだのだった。

それが端的に表われているのは、自分が性的にかの子を満足させることができなくなり、かの子が若い外科医の男性に惹かれたとき、一平は二人の関係を許し、しかも、同じ屋根の下で生活させたという事実だ。

かの子は役割の違う二人の男性の支えによって、安定し、旺盛な創作活動に邁進《まいしん》するようになる。岡本かの子が作家として名をなしていくのは、そういう状況のもとであった。

二人の間の一粒種の子どもであった岡本太郎は、かの子がまだまだ不安定で、小説を書くことに何とか自分の生きる場所を見いだそうと苦闘していた時期に生まれた。

子どものような女性が子どもを育てることは、あまりにも大変なことであった。かの子は、小説を書くのに邪魔だと、太郎を帯で柱にくくりつけて、原稿に向かうこともあった。その一方で、かの子は太郎を溺愛《できあい》した。ネグレクトと溺愛の極めてバランスの悪い愛情環境で、太郎は育ったのである。

一家の中心はかの子であり、かの子の気分がよいか悪いかが、すべてを左右した。太郎は母親の顔色や反応に敏感にならざるを得ず、幼い子どもの頃から、太郎も母親を第一優先にするのが当たり前という状況に置かれたのである。

太郎の中には、自分だけを見てほしいという自己顕示性と、人の顔色をうかがい、相手を喜ばせようとするサービス精神の両方が宿ることになる。それが彼を、単なる孤高の芸術家ではなく、後年お茶の間の人気者にする力にもなったのだろう。彼は数多くのテレビ番組やＣＭにも出演し、その特異なキャラクターで存在感を発揮した。

岡本かの子も岡本太郎も、不安型愛着スタイルと自己愛性が融合したキャラクターだといえるだろうが、その自己愛性は、自己卑下と他者依存を抱える不安型愛着スタイルとバランスを取り、さらにそれを克服するために必要だったともいえる。

6．ＡＤＨＤタイプ

不安定な愛情環境や養育環境は、オキシトシンの働きを不安定にして、多動や不注意などを特徴とするＡＤＨＤ様の状態を生むことが知られている。本来のＡＤＨＤとは異なる疑似ＡＤＨＤだといえるが、真性のＡＤＨＤと区別することは困難である。

愛情不足な環境は、愛情を期待しない回避型愛着スタイルを生みやすく、もっとも反抗的で素行の悪いタイプのＡＤＨＤでは、回避型が同居していることが多い。

しかし、ある時期まで愛されて育ち、育ての親がいなくなったという場合には、強い愛着不安を持ち、誰にでも懐いていこうとする脱抑制型愛着障害や不安型愛着スタイルを育むことがあり、そうした場合には、ＡＤＨＤ様の状態と不安型愛着スタイルが同居する。

顔色を見て過剰に反応する傾向と、おっちょこちょいで衝動的に行動する傾向が同居するため、人との関係は移ろいやすく、不安定になりやすいが、幼い子どものような天真爛漫な面や後先考えない行動力が魅力でもあり、周囲は余計に振り回されやすい。

やんちゃで衝動的だったサガン

サガンが、近所の男の子と駆け回るのが大好きな、落ち着きのない、やんちゃな子だったのも、生まれ持った特性という面もあるだろうが、それ以上に、不安定な母親との愛着によって、多動や衝動性、不注意を強めてしまっていた可能性も否定できない。

そんな無鉄砲で、ガサガサした娘に対して、厳しく潔癖な母親は、いっそう疎《うと》ましい気持ちを抱いたに違いない。母親の敵意は、さらに愛着を不安定なものにするだけでなく、衝動性や多動などＡＤＨＤ様の症状を悪化させ、さらには、自己否定や空虚感を産みつけることになる。

見かけの活発な陽気さと、うちに抱えた淋しさや孤独とのギャップは、こうして深まっていったのだろう。

サガンは、パリの大通りを二〇〇キロもの高速で車をぶっ飛ばしていたという。実際、何度も事故を起こし、そのうちの一度では、瀕死の重傷を負ったこともある。ギャンブルで当時八万フランという大金をひと晩で失ってしまい、全財産をなくしかけたこともある。しかし、それでもギャンブルを続け、最終的に五百フランの負けで勝負を終えた。まさに命から生還したというところだが、それでも、バカラやルーレットをやめることはなかった。命と全財産を天秤にかけるようなスリルでしか、麻痺させることができない深い虚無を、世界中の憧れであったこの女性は抱えていたのだ。

サガンを父親が可愛がったことも、母親からの愛情不足を補うことはできなかったようだ。

気を遣いすぎて潰れてしまう——朱美さんのケース

朱美さん（仮名）は、とても気のつく、柔らかな雰囲気の四十代の女性だ。責任感が強く、仕事も丁寧にこなす。

ところが、どういうわけか、仕事が長続きしないのだ。最初に就職した会社が一番長くて三年いたが、その後は、一年も続かずにやめてしまうことを繰り返してきた。学生時代の成績は優秀で、親の自慢の娘だった。名門の女子大を出て、名の知れた会社に就職。学歴もあり、第一印象がとてもいいので、面接を受けると、すぐに次の仕事が見つかるのだが、なぜか続かない。ミスや早とちりが多く、失敗して注意を受けたりすると、余計にミスをしてしまうという。

だが、知能検査をしても、「処理速度」は120を超えており、他の指数も非常に高い。ミスが起きてしまうのは、能力の問題とは別の原因によるもののようだ。

そして、朱美さんの課題として浮かび上がったのが、愛着不安のスコアがとても高い、不安型愛着スタイルを抱えているということだった。やりとりしていても、相手の意図や気持ちを読みすぎて、言わないでもいいことまで言おうとしたり、自分がしなくていいことまでしてしまう。気遣いがから回りし、一見落ち着きがないように見えるところもある。相手のためになろうと、気持ちが先走りし、不要なことまでして、相手にとってはありがた迷惑という事態にもなる。余計なことをしてミスにつながり、注意されると動転し、ドミノ倒しのようにミスを連発させたりする。一生懸命やろうとすればするほど、やぶ蛇なことが起き、無駄な気疲れと無用のミスを重ねて、自滅していく。

朱美さんは、幼い頃、両親が離婚したため、父と再婚した継母に育てられた。朱美さんは継母に気に入られようと、いつも良い子や優等生の役割を演じ、認められてきた。父親も、継母に気に入られた朱美さんのことは、可愛がってくれていた。

しかし、下に弟ができると、継母も父親も、次第に態度が変わってきた。優秀な成績を取っても、以前ほど継母の反応がよくないことを感じるようになった。朱美さんは、さらに結果を出して認められようと、少し無理な目標を設定するようになった。

それが裏目に出たのが、大学受験であった。まだ弟に学費がかかることも考え、継母の意に沿うべく、無謀にも一流の国立大学を受験したものの、不合格。仕方なく滑り止めで受けていた私立大学に進んだのだったが、母親は露骨にがっかりした顔をした。それから、折に触れて、お金のことで文句を言われるようになった。

その頃から朱美さんは、ふさぎ込むことが増え、自分に自信が持てなくなってしまったという。自分のことなんか、本当は愛してもらっていなかったのだという思いと、それでも、母親の顔色をうかがわずにはいられない自分。母親から離れても、無関係な他人に対しても、顔色をうかがい、気を遣いすぎてしまう自分をどうすることもできないのだった。

転機は、朱美さんが子どもに教える仕事をするようになったことだった。もともと能力が高く、サービス精神が旺盛で、相手の気持ちを読み取るのが得意な朱美さんは、子どもがどこで躓いているのかを察知し、わかりやすく教えることに長けていた。子どもの成績が上がると評判になり、会社から独立の話をもらって、自分の教室を開くまでになった。かつての自信を取り戻し、とても生き生きしている。子どもに接するときは、ずっと自然体でいられるという。

7. ASDタイプ

顔色に敏感な不安型愛着スタイルに対して、社会的に不器用で、相手の気持ちを察するのが苦手なASD（自閉スペクトラム症）の特性は、およそ相容《あいい》れないものに思えるが、実際には、両者が同居していることも少なくない。

それは、次のような状況を考えれば、容易に納得できるだろう。

過敏で、社会的な不器用さを持った子どもが、厳しい親や教師に注意ばかりされながら育ったという場合、ASDの傾向を持つだけでなく、顔色に敏感にならざるを得ない。特に、親がただ虐待的に扱ったというよりも、親は愛情深い面も持ち、善意のもとに子どもを指導したという場合、子どもは親の指導に何とか従おうとし、親に反抗するよりも、親の言うようにできない自分が「ダメな子」と思ってしまい、親の顔色や機嫌に余計支配されてしまう。いじめを受けたり、仲間外れにされたりしながら育った、軽度のＡＳＤを抱えた子どもたちも、しばしば他者の顔色に敏感な傾向を帯びる。

それがさらに強まり、親しい関係を持とうとすること自体にブレーキがかかる場合には、不安型というよりも、恐れ・回避型の域に入ってしまうのだが、ＡＳＤの傾向が軽度で、社会的スキルや共感能力もそこまで低くなく、友だち関係もどうにか維持できていたり、親にもある面では可愛がられたという場合、不安型とＡＳＤ傾向の同居ということが起きる。

ＡＳＤにともなう神経レベルの過敏さと、不安型愛着スタイルの心理社会的レベルの過敏さが同居するため、とても過敏な傾向が強まり、社会適応を苦労の多いものにする。

仕事も好きで、人間関係も決して悪くなく、周囲からもよく思われていたはずなのに、次第にその職場に行くことが苦痛になってしまうということが起きやすい。二重の過敏さが、日々の疲労と小さなダメージの蓄積により、その人から気力を奪っていくのである。

嫌でもないのに仕事が続かない――瑠里花さんのケース

瑠里花さん（仮名）は、言葉の発達が少し遅かった。感覚が過敏で、小さい頃は、花火の音や雷の音にパニックになった。人と接するよりも、一人で黙々と作業するのが性に合った。動物の飼育を学ぶ専門学校に進んだのは、よい選択だった。幸運にも地方の水族館に就職できた。仕事はやりがいがあり、充実した日々だった。

その後も、動物に関わる仕事をしてきたが、長くても、二、三年で限界がきて、仕事を変わってしまう。人間関係も悪くなく、仕事も楽しかったはずなのに、行くのがつらくなってしまうのだ。

それだけならよかったが、最近では、怒りの感情が爆発して、それを唯一の味方である恋人にぶつけてしまう。その理由が、自分ではよくわからず、心療内科でも何度か相談したが、納得のいく答えは得られなかった。

瑠里花さんのようなケースは、診断がつくまでに手間取ることも多い。ASDの特性と不安型愛着スタイルの特性が、互いに干渉して、問題の本質を見えにくくするためだ。ASDにしては、周囲への気遣いや配慮があるように見えてしまう。

しかし、それこそが彼女を消耗させ、限界を超えるとクラッシュを引き起こしていたのだ。彼女に必要だったのは、人一倍過敏さを抱えているのに、人一倍頑張ってしまう自分に気づき、自分の中にたまっていくストレスを、早め早めに言語化して、処理することだった。

第4章　不安型愛着スタイルへの対応とサポート

不安型愛着スタイルの人は、成人男性の一割五分、成人女性では二割近くを占めていると推測される。これは欧米を含めた数字で、日本だけではもっと高いと思われる。ご自分がそのタイプでないとしても、十人いれば一人か二人は当てはまるわけなので、多くの人は、このタイプの人の何人かに日常的に接していると考えられる。

同僚や上司、部下、顧客にそうしたタイプの人が間違いなく含まれるであろうし、あなたのパートナーや恋人、友人、親や子ども、きょうだいに、このタイプの人がいることは、ごく普通の状況だといえる。

愛着スタイルの違いは、対人関係において、相手に何を期待し、求めているかの違いにつながるし、気にするポイントや傷つきやすさのレベルの違いにも関わっている。不安型愛着スタイルの人とうまくやっていくためには、そうした点に配慮することがとても大事だ。

本章では、第三者として不安型愛着スタイルの人と関わる場合の付き合い方だけでなく、パートナーや家族、親友、支援する専門スタッフとして、このタイプの人をサポートする場合に大事なポイントを述べたい。

第三者として関わる場合には

まず、特に親密な関係にはない第三者として関わる場合について述べよう。

距離がある関係では、不安型愛着スタイルの人は、たいてい感じのいい「いい人」である。よく気がついて、気配りもでき、一つを頼めば、頼んだこと以外のことまでやってくれるようなところがある。また、頼みやすいので、ついついその人ばかりを当てにしたり、面倒なことをつい押し付けてしまったりすることにもなりがちだ。

そういう場合も、あまり嫌な顔もせず、対応してくれるので、それが当たり前のようになってしまうこともある。

だが、不安型愛着スタイルの人も人間である。相手に認められたいと一生懸命、自分の都合を犠牲にして、応えてくれているのだが、それがあまりに一方的で、度が過ぎてしまうと、どこかで限界を迎えてしまう。

あなたに喜んでほしい、認められたいという気持ちも、あなたへの信頼や尊敬ゆえである。あなたが、ただの身勝手な人で、一方的に、都合よく自分を利用しているだけだと気がついて、信頼や尊敬の念が崩れると、それは正反対の感情に裏返ることになる。手痛い逆襲を受けるということも起きる。

そうならないためには、不安型愛着スタイルの人の他者本位な傾向や、自己犠牲的な特性に甘えすぎないことである。

「大丈夫」は必ずしも「大丈夫」ではない

不安型愛着スタイルの人は、よほど追い込まれない限り、表だって異を唱えたり、不快さをアピールしたりすることは避けようとする。相手にできるだけ合わせ、自分を押し殺そうとすることも多い。

その一方で、不快さや苦痛を人一倍感じやすい特性を持つので、それを我慢することは、本当は大きなストレスなのだが、それを口に出して、相手に嫌な思いをさせるよりも、自分が辛抱し、相手の都合に合わせる方を選ぼうとするのだ。

しかし、早晩、そのやり方は限界を迎え、心身の不調を来したり、突然、いままでの恨み辛《つら》みを爆発させたり、関係を終了させてしまうことにつながってしまう。

「いい人」すぎる対応をしているなと感じられたら、本人の表面的な言葉だけを鵜呑《うの》みにするのではなく、我慢してこちらに合わせている可能性も考慮する必要がある。

たとえ本人が「大丈夫」と言ったからといって、言葉通りに受け取ってはいけないのだ。

顔色や態度、その他、身体的な反応や周囲の状況も含めて、よく観察し、無理をしているなと思ったときは、よくねぎらった上で、もう十分ですよ、と責務から解放してあげることが必要だ。

たとえその人が、「喜んでそうしているのだ」と言ったとしても、その人の我慢している気持ちを汲み取って、「無理しなくていいよ」「よくやっているよ」とか「そこまでしなくていいんだよ」とか、「それじゃ、こちらが甘えすぎになってしまう」とか、客観的な視点で事態を見て、相手にばかり負担や犠牲を強いない配慮を心がけたい。

そうした対応を重ねることによって、この人は、公平な態度で自分のことを扱ってくれているのだということがわかり、本来のバランスのいい信頼関係を築くことにもなるし、不安型愛着スタイルの「行きすぎ」になりやすい傾向を、ほどよいものに修正することにもつながるだろう。

それは、その人の親や身勝手な周囲の人たちが、その人にしてきた扱い方とは異なるものなのである。

親密になるほど、依存と献身のバランスに注意

少し優柔不断だったり、献身的に頑張りすぎるきらいがあるとはいえ、相手が第三者の立場にあり、距離が保たれている限りは、さほど深刻な問題は生じにくい。親切で、優しく、感じのいい人でいられる。

ところが、親密な領域に足を踏み入れ、距離が近づいてくると、このバランスが崩れ始める。始終メールや電話をしないと落ち着かなくなったり、過度に頼ったりするようになる。いままで自分でこなしていたことまで、相手に頼るようになり、自分一人では行動できなくなってしまうことも珍しくない。

逆に、必要以上に自分ばかりが犠牲を払ってしまったり、献身することが生活の中心になったり、相手のいいなりになったりする。

パートナーや恋人となった人が、パーソナリティにバランスの悪い面を持っていて、支えを必要としている場合、これ幸いと、依存や献身という特性をその人自身を支えるために利用し、いわゆる共依存関係や支配・搾取関係を作ってしまうこともある。

いったんそうした関係になってしまうと、お互い抜け出すことが難しくなり、だらだらと依存関係が続き、人生の一番輝かしい時期を費やしてしまうことも珍しくない。

その関係が、本来の成長に寄与する健全な関係か、互いの成長や自由を阻害してしまう害毒的な関係かを、注意深く見定める必要がある。

それを見極めるポイントは、その関係が対等な関係であるかどうかということだ。犠牲的な精神や献身といった気持ちがひそんでいないか、本来ならば、自分にふさわしくない、どこか釣り合いの悪い相手と、無理をして合わせていないか、生活費など経済的な負担や家事や育児の負担などで、どちらか一方に負担が偏っていないか。そうした観点で、関係を振り返ってみるとよい。ただ、すべての面で公平である必要はない。お互いの苦手なことをお互いの得意なことで補い合う関係になっているのであれば、それは優れたパートナーシップだといえる。

バランスの悪い、不釣り合いな、対等でない関係は、多くの場合、長く維持することが難しいのだが、不安型愛着スタイルの人は、わざわざそうした難しい試練を自分に課してしまいやすい。パートナーもそれに甘えてしまい、バランスを取るどころか、ますます一方的な甘えや要求をエスカレートさせてしまっていることも多い。相手の貢献や犠牲には、大して感謝もご褒美も与えず、うまくできなかったときだけ叱責や怒声を浴びせて、それが当たり前のようになっていることも珍しくない。

だが、膨らんだ心の借金は、いずれ返済を求められる。早晩、とんだしっぺ返しが来ることになる。

優しかったパートナーを夜叉に変えてしまったのは——妙子さんのケース

かつては献身的で、あんなに優しかったパートナーが、不満と怒りばかりを爆発させる夜《や》叉《しゃ》のように成り果ててしまったと嘆く人も少なくない。

どうしてそんなことになってしまったかといえば、不安型愛着スタイルにうまくつけ込んで、長年優しさや献身という甘い汁を一方的に吸うばかりで、それに報いることが少なすぎたのである。「私は大丈夫」という言葉を都合よく、言葉通りに解釈して、SOSのサインを出し始めていても、スルーしてきたのだ。

一方的な献身と犠牲の積み重ねの末に、さらに裏切りや思いやりのなさやその人を軽んじる出来事が重なると、限界を超えてしまう。かつての優しさは反転して、些細なことで、怒り、イライラ、不満、嘆き、攻撃のスイッチが入ってしまうようになる。

そうなってからでも、リカバリーは可能だが、できればそうなる前に、本人の我慢している気持ちやSOSに気づき、しっかりと向き合うことである。

妙子《たえこ》さん（仮名）は五十代の女性である。七歳年上の夫は医師で、十年ほど前に開業してからは、妙子さんも診療所を手伝ってきた。妙子さんは、完璧なまでに子育ても家事もこなし、診療所のレセプト管理や会計まで一人前にこなして、夫に尽くしてきた。

ところが、一年ほど前に、夫がずっと浮気をしていることが発覚。それも、三年以上続いていることがわかったのだ。妙子さんは強い衝撃を受けた。夫は、平謝りに謝罪し、ただの遊びで妙子さんと別れる気はないと明言したが、そんなふうに愛情の問題を軽々しく言うことができる夫に対して、いっそう不信感が募り、それからは、何かの拍子に怒りやイライラが発作のように爆発するようになってしまった。

さらに悪いことに、夫が、その後も風俗で遊んでいることが発覚したのだ。

妙子さんは、カウンセリングやトラウマケアを受けて、最終的にこの試練を乗り越えることができたが、克服までに三年近い月日を要したのである。

悪い異性やカルト、薬物などへの依存から救い出すには

不安型愛着スタイルの人は、自分を自分で支えるのが苦手だ。自立する能力を十分持って

いる場合でさえ、不安型愛着スタイルの人は、自分一人では生きていけないと思い込んでいる。日々のさまざまなことも、判断したり、決定したりすることに自信が持てず、どうすればよいかを、もっと強い自信と確信を持っている人に、教えてもらいたいと思う。

そのため、周囲に信頼できて、頼れる人がいない場合、頼ってはいけないような存在に頼ってしまうということが起きやすい。甘い言葉で近づいてくる異性や、中身はないのに自信たっぷりの存在を信頼してしまったりする。カルトや新興宗教にもはまりやすいし、薬物や依存的な行動にのめり込んでしまうこともある。

周りから客観的に見ると、だまされているなとか、利用されているなとか、健康や若さを無駄に犠牲にしているなと、わかるのだが、当人はそれを信じ切っていて、明らかに不当な犠牲を払っている場合でも、自分の状況をいいようにしか解釈しない。その存在だけが心の拠《よ》り所となっているので、それを疑うことは、自分の存立を危うくしてしまうため、どんなに怪しい点があっても、疑うことができなくなっているのだ。

周りの家族や友人が、その状況から救い出したいと思う場合、方法は大きく二つある。

一つは、対決と呼ばれる方法で、矛盾点やおかしな点を論難し続け、心理的支配を解く方法である。「逆洗脳」とも呼ばれる。

北朝鮮に拉致された蓮池薫《はすいけかおる》氏が、日本に一時帰国できたとき、兄の蓮池透《とおる》氏が、一晩中説得して、心理的支配を解くことに成功したことはよく知られる。

ただ、この方法には、大きな危険もともなう。自分の信じている存在を否定する家族に対して、耳も心も閉ざし、一切の面会を拒《こば》むようになってしまうこともある。そうなると、頼れるものは、危険な異性や教団、薬物だけということになり、いっそう救い出すことが困難になってしまう。

もう一つのアプローチは、対決を避け、安全基地、安全な避難場所を提供する方法である。その人がいま頼っている異性やカルト、依存行為といったことも含めて、その人のありのままの現実として受け入れ、それを否定したり、非難したりはせず、こちらが本人の安心感の拠り所になることを目指した関わりをする。

これは、覚醒剤や危険な男性に依存してしまっている女性を救出するために、魚住絹代氏が用いて、多くの成果を挙げた方法で、安全な「出口」を用意し、その扉を開けておくことで、無理強いしなくても、自分から出てくるようになる。

なぜなら、その状況に陥っている人は、自分でもさまざまな矛盾点や疑問、不安といったものを感じ、このままでいいのかという思いを持っているものだからだ。しかし、そこにすがりつくしか身を保つ方法がないと諦めているから、動きようがない。

しかし、安全な「出口」があるということを頭の片隅で知るようになると、何かがあって、この状況を続けるのはもう嫌だと思ったときに、もっと安全な存在に助けを求め、頼ることができるのだ。

この方法をさらに発展させ、応用したのが、「愛着アプローチ」で、もっと一般的な親子間の問題や愛着の問題、それが原因になって起きる慢性うつ、不安症、過食症、自傷、心身症、ゲーム依存などに広く活用されている。

不安型愛着スタイルの人がのめり込んでいる一方的な無理や献身、依存行為は、自分の人生や健康を損なうものであり、早晩破綻につながるのだが、結論から入って本人を説得しようとしても、強い拒否に遭い、逆に不信感を招くだけで、本人との関係自体が破綻しかねない。本人を助けるためには、その人が信じ、すがっているものを批判したり、否定したりすることは避け、そこまで本人を追い詰めてしまった状況も含めて、共感的に受け止めることが、本人を救う第一歩となる。

こうした方法に関心がある方は、『愛着障害の克服――愛着アプローチで、人は変われる』（光文社新書）、『愛着アプローチ――医学モデルを超える新しい回復法』（角川選書）を参照していただきたい。

長年苦しんだ女性が、母親のために流した涙——可奈美さんのケース

親に対する恨みや否定的な感情にとらわれている場合でも、親が安全基地になる努力をする中で、次第に関係が改善し、やがて行動の変化につながっていく。

親を拒否して危険な異性のもとに走り、自分の人生を損なってしまっているようなケースでも、妄想にとらわれ明らかに精神病を発症しているようなケースでも、親が安全基地として機能し始めると、子どもは振る舞いを変え、自分を守り、大切にできるようになっていく。必要な助けを求めたり、ときには自ら治療を受けるようになる。

こじれきった非常に難しいケースでも、幼い頃に与え損なったものを取り戻していくことができる。ときには、それは半生に及ぶ、根気のいる支えを必要とすることもあるが、もう二度と変わることはないと諦めかけていた状態が変わることもある。

可奈美さん（仮名）は、四十代の女性だが、十代の後半からもう二十数年にわたって、強迫性障害や慢性的なうつに苦しんできた。彼女の強迫症状は、不潔恐怖と呼ばれるもので、

外出から帰ると衣類をすべて取り替え、滅菌しなければ、自分の部屋に入れなかった。そのため、外出がどうしてもおっくうになり、特別な場合以外は部屋に閉じこもって暮らしている状況が長年続いていた。

もともとは活発で成績も優秀だった可奈美さんは、あまり手のかからない子で、両親の心配はどちらかというと、体が弱くまだ幼い、ずっと年下の弟の方に偏りがちだった。

可奈美さんが、不調を訴え始めたときも、両親は仕事で忙しかったこともあり、なぜそんなことを気にしているのかと、まともに取り合わなかった。わかってくれない苦しさから、リストカットや自殺企図をするようになった可奈美さんに、両親は戸惑いつつも、さすがに可奈美さんの身に起きていることが生易しいことではないと悟り、対応を変えようとしたのだが、可奈美さんが病気であるということに納得できない思いもあり、煩わしそうにしたり、急に突き放した態度を取ったりすることもあった。そのたびに可奈美さんの状態は悪化し、ときには危険なことをするのだった。

可奈美さんにかつての可奈美さんを期待することは無理なのだとようやく悟った母親は、その後、可奈美さんにつきっきりで世話をし、可奈美さんの求めることにできるだけ応じるようになる。それから二十年あまり、不潔恐怖のため、水仕事さえ嫌う可奈美さんに代わって、家事も身の回りの世話も、生活費の面倒も見てきたのだった。数年前から母親も病気で倒れたりすることもあったが、母親はその後も可奈美さんの世話を続けた。二年ほど前に、母親の体にがんが見つかって、入退院を繰り返すようになった。

その頃から、可奈美さんの行動が変わり始めた。家事をせざるを得なくなっていたのだが、その上、仕事をすると言い出したのだ。そして、実際に応募すると、採用され、働き始めた。可奈美さんには社交性の能力も、事務処理能力も備わっており、意外なほどの頑張りを見せて、仕事を続けた。そこには、働くことで母親を安心させたいとの思いがあったに違いない。母親の病状はどんどん進行し、その治療にも可奈美さんは必死に関わった。

しかし、治療の甲斐なく、母親は亡くなってしまう。仕事を始めて一年足らずのときだった。可奈美さんは、母親があんなにしてくれたのに、自分は甘えてばかりで、何もしてあげられなかったと、さめざめと涙を流されたが、「お母さんは、最期にうれしかったと思うよ」、とその思いを代弁すると、「私がもっと早く、動いていたら、母も無理をせずに、もっと長生きできたのに……」と、涙にくれた。

母親の死後も、可奈美さんは仕事を続けている。家のことをしながら、母親がこういうことをずっとしてくれていたのだと、思い返すという。

可奈美さんの中には、子どものころ、弟に愛情を奪われたという思いがあり、自分が病気になったときも、親は冷たく、以前の頑張っていた自分を期待され、ありのままの自分を愛してもらえなかったという思いがあった。母がいくら献身的に支えても、不満の方ばかりが先行してしまっていたのだが、母が、自分自身が病気になってさえも、可奈美さんの世話をしようとする姿を見て、私はこの人に何をさせているのだろう、この人のせいにするよりも、私自身が自分で動くしかないのではないのか、と自分の中のとらわれが消え、母のくれた支えを無駄にしたくないという思いが高まっていったのである。

第5章　不安型愛着スタイルの克服

1. 問題に気づく

不安型愛着スタイルに気づく

どういう問題についても言えることだが、それを克服する道は、問題を自覚することから始まる。問題を正しく自覚した時点で、課題を乗り越える作業の半ばは終わったともいえるほどだ。

何か問題があると漠然と感じていても、それを正確に把握するまでには、長いプロセスが必要なことが通例だ。何か変だ、どういうわけかうまくいかない、何となくやりづらいという感覚はあっても、それはまだ問題の正確な自覚には至っていない。違和感や生きづらさ、心身の不調、怒りやイライラ、空しさといった、定かには名状しがたい感覚や感情のレベルにとどまっている。

だが、そうしたさまざまな不調や違和感、空虚感、生きづらさの感覚といったものは、現在の生き方や心のバランスの取り方が限界を迎え、維持し切れなくなっていることを教えてくれている。不安型愛着スタイルにともなう、周囲への過度な気遣いや自分を抑えすぎてまでサービスしてしまうこと、自分が本当に望むことよりも、相手が喜びそうなことをすることでしか自分の価値を保てないと思ってしまう生き方や行動様式が、無理を強いてきた結果、心も体ももたなくなっている。

ただ、不安型愛着スタイルの人では、自分の本当の気持ちというものを抑えながら生きてきたため、自分が本当に望んでいることがわからないことも多い。周囲の人が自分に期待していることに応えることが、自分が望んでいることだと思い込んでいることもしばしばだ。それゆえ、自分のしていることが、本当に自分の求めていることではなく、知らず知らずのうちに母親や周りの人間の期待に応えようとしているのだと言われても、ピンとこなかったり、自分がそうしたいのだとしか思えなかったりする。

こうした思い込みや、周囲の期待に応えなければならないという呪縛から脱するためには、それなりのきっかけや状況が必要になる。そして、先に述べた生きづらさや心身の不調、やりにくさが次第に強まり、限界に達したときこそが、しばしば気づきのチャンスとなるのである。

これまでのスタイルを捨てるときが来ている

物事が比較的うまくいっているときは、人はあまり自分を振り返らないし、その必要も感じない。小さな違和感や心身の不調を覚えるときもあるが、自分の努力や頑張りによって、それなりに評価が得られていたりすると、多少つらさや苦しさがあっても、どうにかごまかすことができる。

「良い子」「いい人」「優等生」「頑張り屋さん」「よく気のつく子」「優しい人」「頼りになる人」「完璧に何でもこなす人」といった評判や評価に支えられ、自分が払っている犠牲もある程度報われていると感じられる。心の収支のバランスが何とか取れているといえる。

ところが、そのバランスが次第に維持できなくなってくる。問題が、身体的な不調から始まることも多い。体調が優れないことが増え始める。頭痛や肩こり、めまい、下痢や腹痛、吐き気、息苦しさや動悸《どうき》、パニック発作といった症状、原因のよくわからない痛みや蕁麻疹《じんましん》などのアレルギーに悩まされることもある。女性の場合、生理前、生理中の不調が強まることもしばしばだ。自律神経の乱れだけでなく、免疫系や内分泌系のバランスが悪くなっているのだ。

そうした身体的な不調とともに、うつや気分の浮き沈み、不安、イライラ、爆発といった精神的な症状も見られるようになる。落ち込むことが増えたり、気分のアップダウンが目立つようになり、元気なときは前向きで積極的に行動するが、落ち込むと寝込んでしまったり、何もする気力が湧かない。頑張っているのに、思うようにいかないことばかりで、イライラすることが増え、些細なことで家族と衝突したり、口げんかになったりする。そのことで、余計に落ち込んでしまう。

身体症状が中心の人もいれば、精神的な症状が中心の人もいるが、多くの場合、両方の不調をともないやすい。

こうした症状レベルの問題とともに、機能的なレベルの困難も強まってくる。機能的レベルの困難とは、普段の生活や仕事をこなす上での健康な機能が、低下を起こし、以前は普通にやれていたことが、うまくやれなくなるという問題だ。

たとえば、以前よりも処理に時間がかかり、ミスが増える。ぼんやりしていて、大事なことを聞き忘れてしまう。以前ならそつなくこなせていた人付き合いが、煩わしく感じられ、応対もどことなくぎこちなくなってしまう。その結果、業務がうまく捌《さば》けない、契約が取れない、客からのクレームが増える、上司とぎくしゃくする、家族との無用の諍《いさか》いが増えるなどして、家庭生活、職業生活、社会生活におけるパフォーマンスの低下が目立つようになる。

これらの機能面の問題は、心身の不調と当然絡んでいるが、意外に、その関係に気づかず、もともとそうした能力が足りない「発達障害」ではないかと、自分で疑い、受診する人も少なくない。発達障害とは性質の異なる問題であることは、素人にも察しがつくだろう。

発達障害かどうかを見分ける一つのポイントは、小学校（満12歳）までの時期に、そうした問題がすでに見られたかどうかで、発達障害の場合には、幼い頃ほど問題が強く表われ、成長とともに、むしろ改善する傾向が見られることが多い。

それに対して、愛着障害（不安定な愛着スタイル）からうつや不安障害を生じ、機能低下が起きている場合には、十代半ば以降、症状が現れ、年齢が上がってからむしろ強まってきているという経過を取りやすい。

心身の症状、機能低下とともに、もう一つ次第に強まりやすいのは、心理的な閉塞感や空虚感、疲労感、追い詰められているような切迫感であり、一言でいえば、生きづらさの感覚である。

頑張れば頑張るほど、身も心も楽になるどころか、苦しさが増してしまう、生き地獄のような感覚。自分がしていること、してきたことが、何か空しく感じられてしまい、この先も同じことを続けていくことが、もう無理だ、限界だと感じてしまう。このままでは、行き詰まってしまいそうで、この現実から脱出したい、どうにかしたいという危機感も強まっているが、もう何もかも投げ出してしまいたいというような思いが強まることもある。

さらにもう一つ、もっとも特徴的なサインは、親に対する違和感やイライラ、反発、不信感、怒りといったものが増していることだ。

小さい頃から、親に対して違和感や不信感を抱いてきた人もいるが、むしろ多いのは、これまでずっと仲のよい親子だと思い、親のことを尊敬し、その教えを大切にしてきたのに、あることを境に、親に対する尊敬や信頼の念が崩れてしまうというケースだ。

逆に、もういい年の大人だというのに、親のことを心から尊敬していたり、非の打ちどころのない存在のように理想化している場合も、注意が必要だといえる。子どもの頃のままの親の支配が続いており、親との成熟した関係を再構築するに至っておらず、今後、一波乱ある可能性が高いからだ。

進路や就職、交際や結婚、育児や配偶者との関係などをめぐって、これまで表面化しなかった考え方の違いが浮かび上がってくることも多い。本来、本人自身が決めることまで、親は口出ししようとし、そのことに初めて違和感を覚える。それをきっかけとして、親の口出しが次第に鬱陶しくなり、反発を感じるようになる。

親はただ、自分を思い通りに支配してきただけではないか、それは、わが子のためという美名を借りてはいるが、本当は親自身の満足や安心のためではないのか。そんな疑問が兆《きざ》し始め、そう思って振り返ると、自分のためにしてくれたと思っていたことも、実は、親の都合や満足のためだったという隠れた意図が見えてくる。

そして、親の意に逆らってこちらの意を通そうとすると、親は激怒し、一気に関係が悪くなる。

これらは、どれも苦しく、深刻な問題なのだが、苦しいがゆえに、この事態を何とかしようという切羽詰まった思いが、問題克服に取り組もうとするモチベーションにもつながる。実際、不安型愛着スタイルを乗り越える取り組みは、苦しさが強まったときを起点として始まることが多く、ピンチをチャンスに変えていく転換点となることがほとんどである。

世界の図式が根底から覆る

愛着の課題が自覚され始めると、自分が感じていた違和感や窮屈《きゅうくつ》さ、息苦しさの正体が、親の支配によって主体性を奪われてきたことにあると気づく。そしてその支配は、単に親との関係だけでなく、他の人との関係や自分自身の扱い方にも影響が及んでいて、他人に対しても自分に対しても完璧を求めすぎ、その期待に少しでも応えられないと、否定的な見方で切り捨ててしまう傾向を生んでいるということが見えてくる。

さらに心身の不調に苦しんでいたり、何か生きづらさを感じていたり、自分らしく生きられていない感覚があったり、安心感や信頼関係を持てないと感じていたりすることと、幼い頃からの育ちの体験や身に受けたことが結びつき、自分が当たり前だと思っていたことが決して当たり前ではなく、自分の行動や考え方、体調、とりわけ人との関わり方に決定的ともいえる影響を及ぼし、いま現在も自分を縛っていることに気づく。

そしてそれが愛着という親密さや信頼関係、対人関係のスタイルを支配し、安心感や生きる喜びという生存の根源を支える仕組みがうまく機能しないことによって起きているということを理解したとき、問題の所在が明確になるとともに、取り組むべきこともはっきりしてくる。

これまで一番自分を愛してくれる存在だと思っていた人が、自分の生きづらさを生むのに一役買っていたという認識は、衝撃的で、そこから混乱や怒りの反応が始まることも多いのだが、それはある意味、遅くやってきた反抗期でもある。本来の自立と成熟した関係を、親に対しても、そして他の人に対しても持てるようになるための、脱皮のときだともいえる。

それは本人にとっても、親にとっても試練のときだが、その過程を通り抜けることが、自立した大人として、対等で成熟したバランスのよい関係を手に入れるためには必要なのである。

「愛情」が子どもの手足を縛る

不安型愛着スタイルの人では、親に従順で、あまり反抗しなかった人が圧倒的に多い。反抗できなかったという方が適切な場合もあるし、自分の親はとても素晴らしい親なので、反抗する必要などなかったという場合もある。

だが、実はそこに問題が隠されている。「愛情」や「あなたのため」や「誰よりもあなたのことを愛している」といった言葉で、問題がカモフラージュされている。親が嘘偽りを言っているということでは決してない。親は本気でそう思っていることも多い。繰り返しそう言われていては、子どももそうだと信じる。だから反抗なんかできない。

しかし、残念ながら、親の立派な「愛情」は、子どもに安定した愛着を育むことはできなかった。なぜなら、それは子どもに本当の意味での安全基地を提供できていなかったからだ。

子どもからすると、本当の安全基地は与えられず、かといって、いい親だと信じているので、否定することも反抗することも難しい。手足を縛られて動きようがないような拘束状況の中で、「愛情」をたっぷり与えられるが、次第に息苦しさが、吐き気が、もやもやが募ってくる。

そんな状況に置かれているのである。それが何年も何十年も続いている人さえ珍しくない。心が解放と根本的な変化を求めているのに、状況が変わらないことで、そうしたケースでは慢性的なうつや不安、イライラ、身体的な不調が続いていることも多い。別の病気だと思って、治療に何年も、ときには何十年も費やして、ちっともよくならないというケースも少なくない。

この状況から脱し、事態を変えていくためになすべきことは、親の言うことやしてくることに異を唱えたり、ノーを言うこと、親に楯《たて》をつき、反抗し、自立を手に入れることなのだが、いまさら怖くてできないのである。

2. 距離を取り安全を確保する

反抗と怒りの段階

支配が強烈なケースは別として、多くの場合、十代から三十代の間に、親のコントロールがほどけてくる。親が作り上げてきた、すべては愛情ゆえ、あなたのことを考えてゆえ、というストーリーが破綻してきたり、悲劇のヒロインだったはずの母親が、自分自身にも問題があることがわかってきたり、献身的な愛に思えていたことが、実は親の世間体や見栄や代償行為だったにすぎず、親が求める理想のために、あるいは親の事情のために、自分が人身《ひとみ》御供《ごくう》にされていたことが見えてきたりする。

愛情深い親というストーリーやかわいそうな母親というお話の設定が、それほど単純なものではなく、かなりまやかしや都合のいい脚色を含んでいることに気づかされる。悪意からではないにしても、自分の主体性や気持ちは無視され、勝手に親に都合のいい役割を押し付けられたり、ときには親の尻拭いをさせられて、本来子どもが味わわなくてもいい思いを味わったり、子どもがもっと持つことのできた安心感や無邪気な喜びを与えてもらえなかったりしたことを悟る。

そのとき、子どもの中に起こり始めるもやもやした感情は、この人にだまされていた、うまく操られていたという不信感と怒りである。これまで、いい親と信じ、あるいはかわいそうで救わなければいけない誰よりも大切な存在と思い込んでいた存在の別の面が見えてきたとき、最初は戸惑い、見ないふりをすることも多い。

しかし、いよいよ真実が露わになり、否定しようもなくなってくると、親の言う通りに、親のためにと必死に頑張ってきた分、裏切られた不信感や怒りも強くなる。それはちょうどマインドコントロールが解けたときの反応に似ている。

この怒りは、不当なことに対して自分を守るために湧き起こる当然の怒りであり、自分を取り戻す突破口を開く原動力となる建設的な怒りでもある。この怒りの力で親に逆らい、ノーを突きつけ、自分の本音を吐き出し、そんなのおかしいと、はっきり言うことで、これまでの関係を変えていこうとする。

そして、実際、親に対してちゃんと自分を主張できるようになるとき、他の人間との関係も変わり始める。過度に自分を抑え、相手に迎合しすぎる不安型愛着スタイルが、少しずつ変化し始める。不当なことには、「いや、違う」と言えるようになる。

母親に振り回されてきた娘の初めての反抗――絵美さんのケース

絵美さん（仮名）は、アメリカのロサンゼルスで、アメリカ人の父と日本人の母の間に生まれた。だが、絵美さんに実の父親の記憶はない。まだ物心がつかないうちに、両親は離婚してしまったためだ。

日本に帰国後も、母親は絵美さんを、自分の母親（絵美さんからすると、祖母）のもとに預けて働いた。祖母のことを母親だと思っていたので、母親が再婚して絵美さんを引き取り、初めて母親だと知ったが、懐けるはずもなく、戸惑いしかなかった。母親にどう接したらいいかわからず、いつも顔色をうかがっていたという。隙《すき》を見て、祖母のところに逃げていったこともある。しかし、祖母から、「もう帰るところはない」と言い渡され、愕然《がくぜん》とした。

仕方なく母親のところに戻ったが、捨てられたような気がして、めそめそ泣いてばかりいた。そんな絵美さんを、母は疎ましそうに見た。「母も私にどう関わればいいのかわからなかったのかもしれない」と絵美さんは振り返る。

よく自家中毒になってもどしたが、具合の悪いときだけ、母は優しくしてくれたので、少し居心地がよかった。喘息や胃弱でよく医者通いをしたが、もしかしたら病人でいるときだけ、甘えやすかったのかもしれない。

しかし、それは例外的な時間だった。母は自分で会社を始めていたこともあって、いつもぴりぴりしていた。もともと激しい気性がいっそうきつくなって、電話口でも、誰かといるときも、突然、激しくやり合いだすのだった。

いつ雲行きが怪しくなるか、薄氷を踏むような思いでいることが多かった。それはいまも変わらず、母親の機嫌や気分が悪いと、絵美さんまで調子が悪くなってしまう。母が機嫌よくしていると安心できるが、機嫌が悪いと自分のせいのように思ってしまう。

だが、いまも絵美さんは、母親から離れることができないと感じ、母親の会社を手伝っている。母自身は自由奔放に、好きなように生きてきたが、娘の自分は、そんな母に振り回されっぱなしだと思うと、何か割り切れない気持ちになる。それでも、母親のことをいつも気にしているし、母親の意に沿わないことはできない。つい機嫌を取ってしまうのだという。

母親だけではない。誰に対しても顔色を読み取って、相手の気持ちに合わせてしまう。気持ちを読み取りすぎてしんどくなってしまう。

十六歳のとき初めて付き合って以降、いつも男性に依存してきた。母親との不安定な関係の穴埋めを、異性との関係でしようとしていたのかもしれないが、いつのまにか、彼氏に対しても気を遣い、相手に合わせてしまう自分がいた。本当に好きになってしまうと、そうなってしまう。どうでもいい関係のときは、わがままを言ったり、顎《あご》で使ったりすることもあったが、いつのまにか捨てられるのが怖くなって、頼り始めると関係が逆転してしまうのだ。

通院し始めて2カ月ほど経ったとき、絵美さんが、母親のところにご機嫌うかがいに行く回数を減らしているという話をした。母に何か言われないか、怖いが、いまのところ大丈夫だという。だが、また一日一回は母親のところに行く状態に戻ってしまう。

しかし、それからさらに2カ月ほどして、絵美さんは、母親の会社以外での仕事を始めることを決断する。外で働くのは久しぶりだが、母親の会社も暇そうで、母親も反対はしなかったという。

働き始めると、母親のところに行く回数は激減した。母親に会わないでやっていけるか不安だったが、実際には、絵美さんは、むしろ安定していることに気づいた。

物理的に距離を取る

親から距離を取ろうとしても、親の方が一枚上手で、理屈で言いくるめたり、泣いたり喚いたり、取り乱してみせたり、これまでの恩を仇《あだ》で返すのかと責め立てたりして、罪悪感や申し訳なさや、良心を痛ませることで、子どもの反抗を封じ込めようとすることも多い。親のそんな反応を見せられるのが嫌で、自分の本当の気持ちを言うことを諦めてしまう場合もある。

親に対する遠慮や気遣い、そして恐怖のために、どうしても面と向かい合うと、親に逆らえないという場合、物理的に親と距離を取ることが必要になる。距離を取る期間は、数カ月から数年、ときには半永久的にという場合まで、ケース・バイ・ケースだが、本人の状態が改善に向かうだけでなく、親の振る舞い方も変わることで、互いの関係がよくなることも多い。安全感が高まり、振り返りや前向きな取り組みへと進んでいきやすくなる。その人本来のペースや生き方を取り戻し、愛着スタイルの安定にも役立つ。

善意によるものだったとしても、親に精神的な自立や主体性の発動を阻《はば》まれていたのである。不安型愛着スタイルは、親に従順に合わせることしかできない境遇の中で身についたものであるが、その支配は外側からだけでなく、その人自身の内側からも及んでおり、一人で決断し、誰かの意に逆らってでも行動しようとすると、不安と罪悪感にとらわれて動けなくなってしまいやすい。自分に素直に行動し、自分のことを大切にしようとしているだけなのだが、何か悪いことでもしているような気持ちになってしまうのだ。それに負けて、自分よりも相手の意向に従ってしまいそうになる。

だが、それが自分の本意ではないと感じたのならば、「いや、違う。自分はそんなことは望んでいない」とはっきり意思表示し、拒否することが、自分を取り戻すために必要なステップなのである。

母親に尽くして三十年——千佐子さんのケース

千佐子さん（仮名）は、五十に手が届こうとしている女性である。子どもの頃から千佐子さんにとって母親は、世界で一番かわいそうで、守らなければならない存在だった。何をおいても、優先すべきものだった。母親の男運が悪く、ろくでもない亭主に苦しめられたことから始まって、世間は常に母親に冷たかった。そんな不幸な母親をさらに悲しませるようなことはできるはずもなかった。

結婚した頃から、ようやく母親の不幸は、父親や世間のせいばかりではなく、不満や泣き言しか言わない母親の性格も一部関わっていると思うようになったが、母の言うことに異を唱えることなど、思いもよらないことだった。千佐子さんと夫との仲がおかしくなったのも、夫よりも母親との関係を優先することが重なったことからだった。それでも母親を邪険に扱うことなどできず、電話一本あれば、千佐子さんはまっさきに母親のもとに飛んでいくのだった。

千佐子さん自身が、慢性的なうつと体調不良に苦しむようになり、その状況が十年以上も続いている。さらに、この二、三年は、唯一の希望であった娘との関係までぎくしゃくするようになって、千佐子さんはこのままではダメだと、ようやく問題に向き合うようになった。

そして千佐子さんは、意を決すると、前々から主治医が勧めていたように、母親が自分の体調不良を理由に何か言ってきても、応じないことにした。母親の意に逆らうことは、生まれて初めてのことだった。内心ビクビクもので何が起きるか怖かったし、罪悪感や良心の呵責にも苦しんだ。それでも千佐子さんは母親のゆさぶりにも耐えた。

やがて母親も千佐子さんを当てにすることを諦め、平穏な生活が戻った。うつも和らぎ、久しぶりに人間らしい暮らしを取り戻した。

施設に入居していた母親の状態が悪いとの知らせがきたのは、それから数カ月後のことだった。久しぶりに会った母親は、悪態をつくどころか、「あんたには迷惑ばかりかけて、すまんな。ありがとう」と、初めて謝罪と感謝の言葉を述べたのだった。そう語りながら、千佐子さんは涙を流したが、たとえ母が元気になっても、もう元の関係に戻るつもりはないと話した。母親の呪縛がようやく解けたのである。

心理的距離を取るための技術

千佐子さんのように、物理的にも距離を取ることが、関係改善と愛着の安定のためにしばしば有効であるが、状況的に、親から物理的に離れるのが難しいという場合もある。会いたくないが、親は勝手に生活圏に入り込んできて、それを止めさせたいが、そうすると余計に面倒なことになり、現状では顔を合わせざるを得ないということも多い。

親に「やめてほしい」と直言するのが一番なのだが、それを言いにくい状況に置かれていることも多い。相手が親ではなく、支配的な上司だったり、口うるさい同僚だったり、立場的に衝突したくない人物だという場合もあるだろう。

そうした場合、どういう対処をすればよいかということになる。

その場合、心理的距離を取るために有効な対処法として、カメラやレンズを通して見るように相手を見る技術を使う、という手がある。

相手に対して、親しい人間として通常抱く感情——思いやりや共感を期待したり、仲良くやりたいと思ったり、喜んでもらいたいと思ったりする気持ちを持ってしまうから、相手の反応に傷ついたり、いらだったり、落ち込んだりしてしまう。

そこで、相手を「共感する存在」としてではなく、「観察対象」や「別の世界の存在」のように、レンズを通した冷めた視線で見たり、舞台で人間喜劇というドラマを演じている役者を見るような目で見るのだ。

親からいつもの身勝手で否定的な言い方が飛び出したりしても、それは、何度も演じられる芝居の決まり文句やセリフであって、「おお、出ました！」「きょうも絶好調！」と、心の中で拍手喝采《かっさい》すればいいのだ。

心理的変装の術を使うという手もある。あなたは、実はあなたの姿をした別の人、たとえば、あなたの主治医だったりカウンセラーだったり、あなたのことを心配してくれている人で、あなたがどんな扱いを受けているかを知るために、あなたとすり替わっているのだと想像してみる。

あなたの味方で、あなたを助けてくれている人が眺めているかのように、目の前で繰り広げられる相手の態度や言葉遣いをチェックしていく。「外ではあんなに優しそうな顔をしていて、本人にはこんな態度を取っているのか！」「確かにこれじゃあ息が詰まるな」「こんなふうにもっともらしい正論を並べて、いい親をやっているつもりなんだろうな」といった具合に、第三者のような批判的な目で見たり、心の中でコメントしたりする。

疲れていて余裕がないときには、病気のふりをするという方法も役に立つ。自分は具合が悪く、口をきく元気も、込み入った返事をする元気もないのだというように演じるのだ。何を言われても、ぼんやりとした顔をして、「ごめん、体調が悪くて」と答える。そして、おなかを押さえてトイレにこもるか、頭痛があるふりをしてベッドに横になる。

それはあくまで、どうしようもないときの対処だが、いざとなったらそんなふうに逃げたっていいんだという緊急避難の方法を、心のうちに確保しておくことも大切だ。限界を超えて気持ちがつらくなることや、感情的に暴走してしまうことから守ってくれる。

だが、普段から心がける基本的な対処としては、顔を合わせたら、普通に挨拶ぐらいはするが、それ以上は近づかない近所の人と同じ程度の距離を取り、あっさり付き合うことである。

ノーが通じない相手

親やきょうだいであれ、他人であれ、共感を求めてもまったく徒労に終わるタイプの人も少なからずいる。そういう相手に限って、こちらが距離を取ろうとしても、こちらの気持ちには無関係に入り込んできたり、とやかく干渉してきたりする。距離が取れないし、こちらが嫌がっていても、その気持ちが伝わらないか、その気持ちを無視するかして、こちらが悪いことをしているかのように責め立ててくる。

あなたの平穏は、いつ脅かされるかわからない。もちろん、大切なことなど相談できないし、まかり間違って困っていることを漏らしたりしたら、支えになってくれるどころか、余計に追い詰められるような過剰反応が返ってくることになる。

そうした相手と、気持ちが通じない、うまくいかないと感じるのは、別にあなたのせいではない。

人に興味や関心が乏しい遺伝的特性を持ったタイプもいる。あなたとは正反対に、回避型と呼ばれる、クールな愛着スタイルを備えたタイプもいる。自己愛性が強く、自分以外のことに関心が薄いタイプもいる。あなたと同じように不安型で、冷静に対処するよりも、自分の感情にとらわれて過剰反応しやすいタイプもいる。

その他何らかの原因で、あなたのことが眼中にないという場合もある。いずれにしても、あなたにはどうすることもできない特性や事情に起因するすれ違いなのである。

ところが、あなたがとらわれやすい感情としては、自分が何か悪いことをして、気分を害したのではないかとか、自分は愛されないダメな人間ではないのかといった、自分に対する否定的な感情である。ましてや、相手が親で、あなたとしては愛情や関心を誰よりもその人に期待する存在である場合、あなたとしては絶えず、報われない愛に傷つき、安心を脅かされ、自分を否定する思いにとらわれることになる。

しかし、何が起きているかを考えれば、あなたの受け止め方は、事実とは異なっていることがわかる。起きていることを客観的に理解し、あなたに原因のないことまで自分が原因であるかのように受け止めないことがとても重要なのだが、現実には、あなたが片思いの愛着を持つがゆえに、その人への期待を捨てきれず、傷つき続けてしまう。

二つの愛着アプローチ

この不幸な状況、報われない愛やすれ違った思いが怒りや憎しみに変わり、本当は仲良くしたい相手とぎくしゃくし、いがみ合わなければならない状況を、お互いに大切にし合える関係に変えるためには、どうすればよいのだろうか。

大きく二つのアプローチがあるといえる。

一つは、相手（主に親やパートナー）にも、起きている問題を理解してもらい、その人があなたにとっての安全基地になれるように必要なサポートを行うことである。

そんなことができるのか、と思われるかもしれないが、実際にそうした取り組みは行われていて、「愛着アプローチ」と呼ばれている。

カウンセラーや医師が、本人ではなく、本人の支え手となる存在に対して、安全基地になれるように、カウンセリングやトレーニング、ときには薬物療法を行って、振る舞い方や関わり方、心構えを変えられるように支えていく。親やパートナーが安定し、優しく、共感的に応じられるようになることで、本人の状態も安定し、症状や問題行動が解消されていく。

相手が、ある程度、自分を振り返る力を持っている場合、あなたが以前と違う態度を取って、異を唱えたり、距離を取ろうとしたりすれば、自分の関わり方に何か問題があったのではないかと考え始める。そして、自分で学んでいくうちに、自分の関わりが安全基地として問題があったのではないかと気づき、それを変えていこうとする人は少なくない。

たとえば、親が子どもの苦しみや問題を何とかしようとして、それが愛着の問題から生じていることを理解して、自分が変わろうと前向きに取り組む場合には、問題は改善に向かう。

ただ、そうした幸運なケースばかりではない。自分を振り返ることや相手の立場に立って物事を考えるのが難しい場合も残念ながら少なくない。

本人の問題はあくまで本人の問題であり、親やパートナーが原因であるかのように言われることと自体が心外で、受け入れられないと感じるケースも少なくない。中には、自分がどれほど愛情深く、素晴らしい親であるかを力説するというケースさえある。自分には自分の特性や課題というものが見えにくく、自分のやり方を変えるということが、絶対受け入れられないという場合もある。

変わろうとしない親（パートナー）と戦ったところで、余計消耗するだけだ。こうした変われない親（パートナー）、自分を振り返ることのできない親（パートナー）、自分の課題が認められない親を抱えているケースや、親自体が高齢で、あるいはすでに亡くなっていて、協力を得ることが現実的に困難という場合には、もう一つのアプローチが必要になってくる。

それは、傷ついた思いや満たされない思いを、カウンセラーなど安全基地となる訓練を受けた第三者との間で、受け止めてもらう体験をするとともに、自分の視点を離れて物事を見る訓練を積み重ね、立場を変えて物事を見たり、客観視する能力を高めていき、自分の身に起きたことや自分を縛っている思い込みや自分を苦しめているとらわれから脱していくアプローチである。たとえ自分が、かつて安全基地を与えられず苦しんだとしても、自分自身が安全基地になれる能力とスキルを持つことで、過去の負の影響を克服していく。

筆者が開発した両価型（不安型）や恐れ・回避型の愛着改善プログラムもその一つであるが、それ以外にも、以前から使われてきたカウンセリングの方法にも、愛着の課題を乗り越えるために役立つものもあり、また近年開発された技法にも有用なものがある。

専門的なアプローチについては、後の章で紹介するが、まずご自分でできる対処法や考え方、取り組みについて述べていこう。

3．克服のための取り組み

相手にとっての「良い子」をやめる

相手の理解や協力が得られない場合、安全を確保することがいっそう重要になる。物理的にも心理的にも距離を確保し、相手が勝手にこちらの領分に踏み込んできたり、感情的な揺さぶりをかけてきたりする機会をできるだけ防いでいくことが必要になる。

そうすることに対して悪いことをしているような気持ちになったり、実際、そう言われて責められ落ち込んだりすることも多い。無理をして会うと、必ず傷つけられるようなことが起きて消沈したり、すっかり変わったと思って気を許したとたんに、ぐさっとくるような態度や言葉を見せつけられて、もっとダメージを負ったりということもしばしばだ。

相手にとっての「良い子」をやめることには罪悪感をともなうが、その罪悪感こそが、あなたを支配する心理的な呪縛なのである。「相手に悪い」と思う気持ちに打ち克ち、自分の気持ちを優先して行動できることが、心理的支配を脱し、主体性を回復することである。

言い換えれば、相手にとって「悪い子」になることを恐れては、「自分」にはなれない。罪悪感に心が痛むときこそ、あなたを縛っている縄が、あなたの心に食い込んでいるのだと理解するのだ。その縄を切り裂き、投げ捨てるチャンスなのである。

嫌なことに対しては、ノーを言って拒否できることが、ほどよい安全な距離が取れている一つの指標だといえるが、その先の段階として、必要なときには相手を頼ったり利用したりすることもできることが、わだかまりが薄らいだ指標になる。まずは距離を取り、ノーが言える段階を達成したい。

安全と安心がある程度確保されてくると、次なる取り組みへの気持ちの余裕が生まれるようになる。振り返りの作業や、自分の生き方のスタイルを少しずつ変えていく作業に取り組めるようになる。

何を目指せばいいのか――「ほどよさ」を取り戻す

どこに着眼して、どこを目指して進んでいけば、不安型愛着スタイルを安定型に変えていけるのか、取り組むべき課題を整理しておこう。何をどうすればいいのかがわかれば、改善にも取り組みやすくなるからだ。

不安型愛着スタイルの人を苦しめる課題として、愛情欲求が満たされなかったため愛着不安が強く、人に頼ろうとするが、そこで相手に求めすぎて期待を裏切られ、依存している相手を攻撃する「依存と攻撃」のパターンに陥りやすいということがある。

そこには、期待を満たしてくれれば「いい人」、期待外れだと「悪い人」となってしまいやすい両極端な認知、二分法的認知の問題があり、自分自身も「良い子」「いい人」として頑張らなければならないというとらわれを抱えている。

つまり、不安型愛着スタイルの根本的な課題として、①愛情や承認への過剰な期待、②そのために、「良い子」「いい人」「完璧」でなければならないというとらわれ、③①や②が裏切られたときに生じる抑うつや怒り（攻撃）、が挙げられる。

それをさらに要約すると、愛情を求めて頑張る気持ちと、それが挫《くじ》かれたときの怒りや自己否定という二分法的な過剰反応に陥りやすいということができるだろう。

それを克服するために必要なのは、一言でいえば、「ほどよさを取り戻すこと」である。ほどよく求め、理想や完璧は求めすぎず、欠点や不満な点は大目に見て、ほどよいところで満足し、楽しむことができる。自分自身も、「いい人」や「良い子」になりすぎず、嫌なことにはノーと言えるが、何でもノーを連発するわけではなく、ほどよく妥協もしながら、ほどよく自分の主張もして、対等でバランスのよい対人関係を維持していく。

頑張りたいことには頑張るが、気持ちや体を犠牲にしてまで頑張らず、ほどよく人生も仕事も楽しめる。そんな生き方が目指すべきところだといえる。決して達成困難なことではなく、今日からでも実践できることである。

ほどよさは、共感と客観視のバランスで生まれる

自分の気持ちと周囲への配慮の間でほどよいバランスを取ったり、自分が求める理想と、現実に手に入るものとの間で、ほどよく折り合いをつけたりすることは、一見簡単そうに思えるが、実は大変難しく、奥が深い課題である。適当に妥協すればいいといった甘い考えは、実際にはまったく通用しない。

不安型愛着スタイルの人なら、そのことをよく理解できると思う。自分がとらわれた感情――それが傷つけられたことに対する怒りであれ、理想や完璧にこだわる執着であれ、それをほどほどのところで折り合いをつけ、相手の思いも受け入れたり、現実的な選択に満足したりということは、そう簡単なことではない。

では、どうすれば、このほどよさを身につけ、手に入れることができるのか。

そこに大きく関わっているのが、自分の視点を離れて物事を見る能力である。

この「自分の視点を離れる能力」にも、大きく二つある。一つは、相手の立場に身を置いて、相手がどう思うか、どう感じているかを察知する能力、つまり共感的な察知能力であり、「メンタライジング」と呼ばれたりする。もう一つは、事態を少し高いところから客観的に見る能力で、「リフレクティブ・ファンクション（自省機能、振り返る力）」とも呼ばれる。

不安型愛着スタイルの人では、前者の能力は、むしろ優れていることも多い。相手が感じていることが、わかりすぎるので、自分の言いたいことが言えないとか、相手が求めているようについ動いてしまうという人も多いのだ。ＨＳＰ（過敏で傷つきやすい人）と呼ばれるタイプは、こうした特性を持つ人が中心で、医学的に見ると、不安型愛着スタイルがＨＳＰの本体だと考えられる。

共感能力が強すぎて、相手の気持ちに巻き込まれやすいというのが、不安型愛着スタイルの人の一つの課題なのだが、そうなってしまうのも、自分の視点を離れるもう一つの能力である「客観視の能力」が弱いことによる。この能力が弱いため、相手本位になりやすい。自分が犠牲を払いすぎていることや、バランスの悪い関係になっていることが見えにくい。

この客観視の能力の弱さは、せっかくの優れた共感能力さえも、うまく活かせず、足を引っ張ってしまう。相手のことを考えすぎて、相手のためにならないことをしてしまうこともある。共感と客観視のバランスの悪さのため、相手の気持ちと、自分がどう思うかが同一視され、本当に相手が感じ、思っていることと、微妙にズレを起こし、行きすぎてしまったりする。

相手はそこまで思っていないのに、こちらは本人より深刻に受け止めすぎたりする。相手がちょっとしかめっ面をしただけでも、自分のことを快く思っていないのではないかと、妄想を膨らませてしまうこともある。

これは、過剰な共感であり、思いを実際以上に読み取りすぎてしまっている。それを相手の気持ちだと勘違いし、思い込んでしまうと、いろいろ不都合が起きてしまう。相手の気持ちを読み取っているというよりも、自分の不安や恐れを相手に投影し、押し付けてしまっている場合もある。

自分の期待や願望についても同じことがいえる。相手の言葉を、こちらの都合や期待に合わせて解釈してしまうことも起きやすい。相手の大した意味のない言葉を、自分に対する特別なメッセージのように受け取ってしまうこともある。客観性のない共感が暴走すると、それはただの独りよがりな思い込みでしかない。

それゆえ、不安型愛着スタイルの人が、バランスのよい物事の見方や対人関係を手に入れるために必要になるのは、正確な共感であり、そのためには、客観視の能力を鍛えることである。

自分を振り返る習慣

客観視の能力を鍛えるために有効で、自分でもでき、克服のために大切なのが、「自己モニタリング」の習慣を持つことである。自己モニタリングとは、自分を振り返り、客観的に状態や状況を記録し、整理することである。

その方法の一つは、書いて記録することである。日記や日誌をつけてもいいし、思索や気持ちを整理するためのノートを作るのもよい。ブログやＳＮＳの記事を活用してもよいだろう。必ずしも毎日つける必要はなく、悩みや迷いが生じたり、落ち込みや怒りにとらわれたりしたときに書いてもよい。

そこで感情を爆発させてもよいのだが、自己モニタリングとして役立てるためには、気持ちを爆発させた後でもいいので、何があったのか、その事実をできるだけ客観的に記載するようにすることだ。そして、あなたが傷ついたり、衝撃を受けたり、葛藤したりした出来事について、あなたは相手のどういう態度や言葉を、どういう意図や気持ちの表われとして受け止め、どう感じたのかという心の動きを、できるだけ丁寧にたどってみよう。

少し時間を置いてから、書いたものを見返したり、カウンセリングを受けている場合には、その記録を持参して、その出来事について話すと、いっそう客観的な振り返りの訓練となる。

そうした作業をすることで、起きたことを少しずつ冷静に振り返れるようになるとともに、とらわれていた怒りや衝撃が和らぐことも多い。自分が推測したことから悪く受け止めすぎて、傷つかないでいいことにまで傷ついてしまったかもと思い返せたり、もしかしたら、相手はこちらを傷つけるためというよりも、別の意図でそうした態度や言葉になったかもしれないと考え直せるかもしれない。

こうした作業の最後に、その日たどり着いた結論を書くようにすると、考えが際限なく堂々巡りし、いつまでも同じ気持ちを引きずってしまうのを防ぐ効果がある。

たとえば、「結論：もっと優しくしてほしかっただけ。ただ、お互い疲れていて余裕がなかったのかもしれない。別れを切り出したとき、悲しそうな顔をするどころか、またかという顔をしたので、余計腹が立った。優しくしてくれないのなら、痛めつけてやりたくなるいつものパターン。もっと素直になれたら。今度同じようなことがあったら、『優しくしてほしいな。でも、いまは疲れてるんだよね』と言ってみよう」

マインドフルネスや瞑想も自己モニタリング効果がある

書いて表現し、整理することと並んで、もう一つ、自分を振り返るのに役立つのは、瞑想やマインドフルネスである。

マインドフルネスの方法にも、いわゆる呼吸瞑想法と呼ばれる一般的な方法以外にも、散歩をしたり家事をしたり作業をしたりしながらマインドフルネスを行う方法もある。

目を閉じて呼吸や身体感覚に注意を向ける一般的な方法でも、何か単調な運動や作業をしながら行う方法でも、脳はいわばアイドリングの状態で、情報の負荷から解放され、普段は意識しないことを感じたり、自分の視点を離れて、自分を取り巻く世界を感じたりするための心の余白が生まれている。

この一見何も生産しない心の余白が、大事なことに気づいたり、悟ったりするために役立つのである。特に嫌なことがあったときの頭の中の思考は、感情に縛られたもので、いくら考えたところで、出てくる結論は怒りか自己否定に終始してしまう。自分のとらわれを脱せられない。

まず必要なのは、感情による心の濁《にご》りを取ることなのだ。マインドフルネスの半分無意識の心の状態が、心の濁りを浄化し、濁っていたときには見えなかったことに気づかせてくれる。

マインドフルネスだの瞑想だのと大げさに構えるのが嫌な人は、ただぼんやりする時間を持つだけでもいい。その間は、情報の入力を止め、おしゃべりやSNSもお休みして、リラックスしたり、家事をしたり、花に水をやったり、生き物の世話をしたり、散歩したりするのだ。

第三者に話して、整理する

もう一つ、自分の振り返りを助ける方法として、話を聞いてくれる第三者の助けを借りる方法がある。自分だけではできないものだが、よい相手がいる場合には、有効性が高い。

話し相手としては、こちらの話をしっかり聞いて、求めていること以外は言わない人が適している。つまり安全基地になれる人だ。

自分の意見をすぐに言おうとする人や、すぐに評価をしたり感情的になる人は、話すと余計混乱したり、その人の意見に左右されるだけで逆効果である。親身になってくれると同時に冷静さを失わない人を見つけよう。

心理カウンセラーなど、専門職の人に相談する場合も、こうした点をしっかり吟味する必要がある。専門的な資格や経験を持っていても、振り返り能力や共感能力があまり高くない人もいるからだ。

自分より振り返り能力が高いだけでなく、共感能力とのバランスが取れている人と話すことで、あなた自身の振り返り能力と共感能力のバランスもよくなっていく。

話をする際も、ただ気持ちを吐き出すだけでなく、事実を整理しながら話すように努める。自分の視点から離れて、相手の立場になって気持ちを推測してみたり、客観的な視点で状況を俯瞰《ふかん》してみたりする。そうしたことを心がけていると、次第に客観視の力や正確な共感能力が身についていく。

第三者に話を聞いてもらう方法は、自分一人で振り返るのが苦手なタイプの人だけでなく、もともと相談したりするのが好きな不安型愛着スタイルの人に適しているといえる。ただ、そこで大事なのは、相手の意見や助言を聞くことが目的になっては、振り返りの力を高めることにはつながらないということだ。自分のペースで気持ちや考えを整理していくことが大事なのである。

書くことやマインドフルネスによる自己モニタリングと併用すると、いっそう効果的である。

問題を切り分ける二つの快刀

傷ついたことや悩んでいること、困っていることについて整理していく場合、どんな難問や厄介な事態も、ばっさり切り分けるのに役立つ二つの切り口がある。快刀乱麻を断つというが、この二本の快刀を使いこなせるようになると、自分の陥っている落とし穴がどういうものかわかるようになり、そこからすんなり脱出できるようになる。この二本の快刀は、カウンセリングの場でもしばしば活用される。

その一つは、**事実と自分の推測を切り分ける**ということだ。書いて整理する場合には、明白な事実とあなたの推測とは、区別して記載するように心がける。決めつけたくなることでも、こちらがそう受け止めたという場合には、推測が働いていることになる。どういうことから、そう推測したかも書くようにすると、いっそう深い振り返りになる。

書いたものを使って、実際に起きた事実とそれに対する自分の感情的な反応を分けるという方法もある。感情的な反応は赤線で、事実の部分には青線を引くなどして色分けすると、自分の反応パターンが見えてきやすい。

語りながら整理する場合には、聞き手の方が、事実と推測を区別する意識を持っておくことが必要で、相手の話の腰を折らないように注意しながらだが、事実なのか、あなたがそう思った（受け取った）のかについては、丁寧に分けて扱う態度を取ることが、客観視の力を高めることにつながる。

もう一つの快刀は、**自分の問題と相手の問題**、そして、どちらにもどうすることもできない**不可抗力の問題を区別する**ことだ。

自分の問題として認められたことに対しては、きちんと受け止め、反省を踏まえて対策を講じていく必要がある。だが、不安型愛着スタイルの人の悩みの多くは、相手（他人）の問題や不可抗力の問題で、それをどうにかしようと苦しんでいる。これらの問題は、誰にもどうすることもできない。それが、結論だ。どうにもならない問題で悩んだり、悪戦苦闘したりするよりは、自分にどうにかできることに時間と労力を使った方が、ずっと幸せで有意義な人生を過ごせる。

ところが、親の心理的支配を受けて育った不安型愛着スタイルの人では、相手の問題と自分の問題の区分けが弱い。それは、親自身が、自分と子どもの境目が曖昧で、子どもを自分の一部のように感じ続け、子どもの意思や気持ちにはおかまいなく、思い通りにしてきたことの反映でもある。

子どもは、母親が悲しそうにしていたり怒っていたりすると、その感情に呑み込まれ、母親と同じか、それ以上に悲しい気持ちになったり怒りにとらわれたりする。母親にとっては一時の感情にすぎないことも、幼い子どもには、半永久的に続く刻印となることもある。もうそんなことを繰り返すのはたくさんではないか。

したがって、これは自分の問題か、相手の問題か、不可抗力の問題かを切り分けることが、とても重要になる。そしてそれが相手の問題（不可抗力の問題）である場合には、何とかしようするのは止めると結論づける。

感情が激しやすく、振り返りが苦手――「二つの快刀」で変わった彩さんのケース

彩《あや》さん（仮名）は四十代初めの女性である。子育てや夫のことで日々イライラし、毎日の

ように爆発していた。彩さんは、日々忙しいということもあったが、記録を取るのもマインドフルネスに取り組むのも苦手であった。カウンセリングでも、まず傷ついた気持ちや怒りを吐き出すことが多かったが、それで終わらずに、起きた出来事を振り返る作業を積み重ねていく中で、次第に事実と自分の反応とを区別して語れるようになった。

事実と自分の推測や感情が、一体化してしまっていたのだが、自分の反応と外的な事実をより分けながら、「私はこう思って、〜してしまったけれど、事実は〜だっただけかもしれない。でも、私が〜と思ってしまうのは、〜ということが影響していたかもしれない」というふうに、自分の中に起きた反応を、客観的に語ることができるようになっていった。

子どもがまた散らかし放題にして遊んでいるのを見て、イライラして怒鳴りたくなった。でも、そんなふうにイライラしてしまったのは、その日、職場の上司が不機嫌で、余計に気を遣ってくたびれていたからかもしれない。自分のストレスを子どもにぶつけるのも……と思って、しかりつけるのを思いとどまった。

もちろん、そんなふうに自分で考え方をコントロールしようとしていても、次々に思い通りにならないことが重なると、怒りが爆発してしまうこともある。だが、百点を求める必要はないし、この間まで毎日爆発していたのであれば、それが一日でも爆発しなくなれば、十分な進歩なのだ。

なぜなら目指すべき目標は、ほどよさを身につけることだからだ。怒りにまったくとらわれない状態ではなく、ほどよく怒ることもある状態が、もっともバランスのよい状態だ。怒りのすべてが悪いわけではなく、ときには必要なこともある。

彩さんの場合、一方的な世話や口出しが行きすぎて、期待通りに動いてくれない相手にイライラして爆発するというパターンを繰り返していた。

夫にも息子にも、発達の特性があり、その部分は、自分が努力すればどうにかなる問題というよりも、誰にもどうにもならない問題である。客観的に見れば、どうにもならない問題をどうにかしようとして毎日戦って、「応えてくれない」「拒否している」と嘆いている状況だった。

「どうして、そこまできちんとさせようと思ってしまうんだろうね」と問いかけると、彩さんはかつて実家で暮らしていた頃の生活について話した。

彩さんは、支配的な親から心理的な虐待を受けて育った人だった。自分の気持ちよりも、まず父親や母親の気分はどうか、夫婦ゲンカのとばっちりが飛んできはしないか、下のきょうだいばかり可愛がる親から、不当な言いがかりをつけられはしないか、いつも身構えて暮らしていた。

顔色をうかがい、事態を先読みして、母親が喜びそうなことをしたり、文句をつけられないように家事や下の子の世話をしたりしていた。そこには、下のきょうだいや親を喜ばせたいという純粋な気持ちもあったが、親の不満な顔や攻撃という罰を受けたくないという思いの方も強かった。彩さんの愛情や世話には、人を気遣う優しい気持ちと同時に、自分の義務を怠《おこた》って罰を受けたくないという恐れの気持ちも混じっていたのである。

結婚して、親の支配から解放され、自分の家庭を築くことができるようになったとき、彩さんは、家族がいたわり合い、安心して過ごせる家庭を作っていきたいと思っていた。だが、日々の生活の中で、夫や子どもを前にすると、いつも言っていることをやってくれないことに腹を立て、イライラしてしまうという反応が止められない。それどころか、こんなに自分は家族のために献身しているのに、どうしてわかってくれないの、協力してくれないのという思いが強まり、余計につらくなり、家族を責め続けたり、すべてを拒否して自室に籠《こ》もったりしてしまう。きちんとやらせないことで、親に文句を言われるわけでもないのに、親の顔色にビクビクしていた頃と同じようにしている自分に気づいたのである。

彩さんは、夫や子ども自身のペースを尊重するようになり、「もう戦うのはやめました」

と笑えるようになった。

一時は、ご主人と結婚したことさえ、大失敗だったと考えるようになり、生活の心配さえなければ、即離婚したいという気持ちを語っていた。ご主人は思い通りにならない異物でしかなく、本当は排除したいのだが、自分の人生にからまりすぎてしまって、排除することもできないということで、余計にいらだちが強まっていた。

しかし、事実と自分の反応を切り分けて考えられるようになるにつれ、彩さんの中にあった二分法的認知の傾向も緩和されていった。すべて期待通りになることを求めたり、期待外れなところがあると全否定してしまったりするのは、事実を見てというよりは、自分の過剰な反応の結果にすぎないということを悟るようになった。

あの人は、ああいう人で、困ったところもいっぱいあるが、零点というわけではない。気が利かず、言ったこと以外を自分からやってくれることは期待できないが、頼んだことは一応協力してくれるし、この間、体調が悪くなったときも、すぐに病院に電話をして、救急外来に連れていってくれた——というように、相手を拒否してしまう自分の反応にばかりとらわれるのではなく、事実をある程度冷静に語るようになっていた。

以前の彩さんなら、自分が大変なときに仕事にばかりかまけて、ろくに助けてもくれず、発達に課題があるため育てにくいわが子の子育てにも、ほとんど手を貸してくれなかった夫のことに、怒りをぶちまけるばかりで、夫のよいところなど、考えたくないという心境だった。

だが、事実を客観的に見られるようになったことで、ご主人も仕事の責任や負担が増えて大変だったこと、それでも不満も言わずに働き続け、家計を支えてくれたこと、彩さんが爆発しても、それに対して暴力で反撃するわけでもなく、ただ困ったように彩さんをなだめながら耐えていたことに気づき、夫は不器用ではあるが、夫なりに家族を守ろうとしていたのだと思えるようになったのである。

対等な関係を築く練習

物事を客観的に眺める能力が高まるにつれて、頭の中が整理されやすくなるとともに、徐々に心身のバランスがよくなり、自分の期待と現実のギャップにいらだったり、落ち込んだり、体調を崩したりすることも減っていく。

ただ、そうした中でも、面と向かい合うと、相手に言うべきことを遠慮して言えなかったり、過度に従属してしまったりする傾向は残りやすい。それはより深く体に染みついた反応パターンだからだ。

だが、客観視の力が高まってくると、子どもの頃に身につけたこの反応パターンに縛られ続ける必要などないばかりか、外そうと思えば外せる足枷《あしかせ》を、自分の体の一部だと錯覚して、外さないでいるようなものだと気がつくようになる。

外すのが怖いという気持ちもあるだろう。長年身についた習慣を変えるには、勇気と努力が必要なのだ。しかし、それは、あなたが日々耐えてきた苦労に比べれば、大した困難ではない。その気になれば、あなたの決断一つで、人に過度に気を遣いすぎたり、迎合しすぎたり、卑屈になりすぎたりする関係を、対等で、バランスのよい関係に変えていくことができる。そして、変えていくチャンスは、毎日の生活の中に、いくらでもある。

たとえば、挨拶をしても挨拶を返さない人がいるとしよう。不安型愛着スタイルの人は、そのことだけでも悩んでしまい、余計機嫌を取るようなことをしてしまいやすい。

ただ、人間関係における原則は、相手がするようにするということだ。挨拶をしても挨拶を返さない人がいれば、その人に対して、次から挨拶する必要はない。いや、しない方がいい、ということだ。

いまでは挨拶をする習慣がない人もいるし、挨拶をかわすことを心地いいと感じる人ばかりではない。煩わしいと思ったり、意味のない愛想を振りまいてと、苦々しく思う人さえいる。

ただし、一方的にであれ、挨拶をすることが、相手への忠節の証《あかし》として求められていたり、それが利益につながっている場合は別だ。大いに相手の優越性を、対等でない行為によって示さなければならない。たとえば、自己愛の強い上司や自分のボーナスの金額を決める権限を持つボスに対しては、よいしょした方が身のためだ。

しかし、そうでない場合は、一方的に気遣いやサービスをしすぎて、対等でない関係を作らないように用心する必要がある。

親や家族、親戚などとの関係が難しいのは、過去の服従関係が尾を引いて、対等な関係になりにくいためでもある。通常、反抗や距離を取ることで、他人と同じような対等な関係に作り替えようとするのだが、不安型愛着スタイルの人では、そのプロセスが妨げられている。

そこで、本来の対等な関係を持てるようになるための練習として、まず取り組んでみるとよいのは、相手がするようにするという原則に沿って行動することだ。相手がこちらを気遣い、親切な態度を取れば、こちらも同じように気遣い、親切に応じる。しかし、こちらを無視したり、関心のない態度を取る場合は、こちらも相手をスルーして、余計な気配りやサービスはしない。

その第一歩として、挨拶を返さない人には、こちらも挨拶をしない。未来永劫、その人に対して挨拶しないということではなく、別のときに相手が挨拶してくれれば、挨拶を返せばいい。相手がするようにする。それを実践してみるとよい。

受容しすぎは、相手の悪い反応を助長する——佑子さんのケース

佑子さん（仮名）は、最近、同僚の麻美さん（仮名）のことで悩んでいる。以前は、麻美さんとは社内で一番といえるほど親しい友人だったのだが、麻美さんが、悪口や不満ばかり言うことやプライベートまで束縛してくることに、佑子さんがうんざりして、麻美さんと少し距離を取ろうとした直後から、手のひらを返したように、佑子さんをあからさまに無視するようになったのだ。佑子さんの悪口も撒き散らしていると、他の同僚が教えてくれた。そんな状況が何カ月も続き、佑子さんも精神的に限界を迎えていたのだ。

それでも佑子さんは、いまも変わらず、麻美さんに対して挨拶をし、それに対して、麻美さんは、ただ無視するだけだという。他の社員や上司も、とっくに気づいていて、心配してくれているが、麻美さんが社内で孤立するようなことになってもかわいそうだと、麻美さんの心配をしている。

　そもそもは、自分を拒否されたと受け取った麻美さんの怒りから始まった行動だが、こうした自分勝手な怒りは、自己愛的怒りと呼ばれ、未熟な自己愛を抱えた人が、意に反することに直面したときに出てきやすい。相手を無視し、モラルハラスメントを行うことで、自分の方が上位であることを示し、傷ついたプライドを保とうとしている。

　ただ、こうした未熟な自己愛の反応に対して、こちらだけが我慢し、気を遣い続けると、それを助長してしまいやすい。対等の原則で、相手が無視してきたのなら、こちらも無視すべきなのである。

　佑子さんは、怖いと言いながらも、勇気を出して、一方的に気を遣うことを止めた。麻美さんは、聞こえよがしに不機嫌な声を上げたりしていたが、それにも一切反応しないでいると、そのうち収まった。

　不安型愛着スタイルの人は、誰に対しても嫌われたくないという思いがあり、どんな人とも仲良くしたいという思いが強い。そのため、相手が素っ気ない態度を取ってくると、余計に動揺して気を遣い、いつか仲良くやれるようになるのではないかと期待を抱き続けてしまう。しかし、中にはそうした態度に余計いらだって、意地悪な反応を誘発してしまうことも少なくない。

まったく共感性や協調性がない相手や、共感的な態度に対して反発する人さえいるので、相手が仲良くしようとしていないときは、こちらだけが一方的に仲良くしようとしないことも、ある意味、マナーなのである。相手に対して過度に冷淡に振る舞う必要はないが、機嫌を取るようなことはしないように注意しよう。

結果を予測する

知り合いが、あなたに無理なお願い事をしてくる場面を想像してみよう。「とても困っているんだ。何とか助けてくれないか。十万、いや二万でいいから貸してくれないか」

それに対して、不安型愛着スタイルの人の中に起きる反応は、「私にまで借金を申し込むということは、きっとすごく困っているんだ。そんなに困っているのに、むげに断ったら、なんてひどい人間だと思われるに違いない。いつか私が困って、助けを求めたとき、仕返しされるかもしれない。それに、十万だったら大変だが、二万でいいと言っているのだから、それくらいで済むのなら、貸してあげようか」と、自分よりも、相手に都合のいいものとなりがちだ。相手の気持ちを汲み取りすぎて、客観的に状況が見られないのだ。

もっと客観的に状況を見るとどうなるだろうか。たとえば、人生経験豊富で、人間心理に通じたアドバイザーがいたとしたら、どうコメントするだろう。

「知り合いといっても、たかが半年前に知り合ったばかりで、どういう素性の人間かもよくわからない。そんなに付き合いの浅い相手に、借金を申し込むという時点で、社会常識が欠如している相手だと考えた方がよいでしょう。こういうタイプの輩は、借金することにも慣れていて、脇の甘そうな人なら誰彼かまわず、借りようとするものです。

もちろん、返ってくることは稀ですし、お金を借りたとたんに、連絡もなくなるのが普通です。すごく困っているという口ぶりは常套句《じょうとうく》で、ギャンブルや酒代に生活費を使い込んでしまったといったところでしょう。カードローンもだいぶ膨らんでいて、自転車操業が続いているのかもしれません。

あなたが援助したところで、焼け石に水、結局、自己破産を免れることは難しいかもしれません。あなたがお金を用立てることは、一時しのぎにはなるかもしれませんが、自分の責任を誰かに押し付けるという悪い行動パターンを助長してしまうことになり、立ち直りを遅らせてしまうのです。

それに、もっと問題なのは、その人が、あなたなら思い通りになると思ってしまうことです。もし、あなたが期待した通りの甘い反応をしてしまったら、その人はますますあなたを甘く見て、都合よく利用しようとするでしょう。もっと多額の借金を申し込んできたり、あなたをだまして、大金を詐取しようとするかもしれません。

それを断ったら、あなたを恨み、最悪の場合、危害を加えようとするかもしれません。なぜなら相手は、あなたが一度言うことを聞いてくれたのだから、今度も聞いてくれると期待してしまうからです。相手からすると、期待させておいて、期待を裏切ったあなたが悪いという理屈になってしまうのです」

不安型愛着スタイルの人は、理不尽な要求や非常識な頼み事も、断る自分の方が悪いように思ってしまう。客観的な推測ではなく、相手に都合のいい推測をしてしまうのだ。

それを打ち破るために有効な一つの方法は、ここで述べたような「将来起きる事態」を、第三者の視点で予測することだ。最悪の事態も含めたリスクを予測して書いてみるとよい。将来起きる結果を、明確な形で認識すると、行動の変化が起きやすい。これを臨床心理学では「結果の予測」という。

もし、未来の姿を映し出すことができる鏡があったとして、その鏡が、いま、あなたが結婚を考えている相手が、別人のような怖い形相になって、あなたを裏切り、暴力をふるっている姿を映し出したとしたら、あなたの思いも冷めてしまうだろう。未来を完全に予測することは不可能でも、どういうリスクがあるかをある程度予測することはそう難しくない。

パーソナリティや愛着スタイルについて学び、知識と経験を深めることは、その人に起きやすいトラブルや行動面の問題の予測を可能にする。その人の行動スタイルが、どういうタイプであり、その場合には、将来何が起きやすいかが見えてくるので、少なくとも、何も知らずにだまされてしまうことだけはなくすことができる。リスクがあるとわかった上で、その選択をすることになっても、それは立派な決断であり、それなりの覚悟と用心をともなっているので、困難を乗り越える可能性も増す。

結果の予測は、リスクを避けるだけでなく、あえてそのリスクを冒すときにも、その選択をより主体的で、勝算のあるものにしてくれるのだ。

思考を再構築する――リフレーミング

多くの人が、子どもの頃からの体験の中で身につけてしまった思い込み（信念）や思考パターン（自動思考）に縛られている。それは、かつてまだ幼かったその人が、生き残るために意味があったものなのだが、すっかり状況が変わったいまでも、まだ続いてしまっているのだ。

その人の思い込みや、それに支配された自動的な反応を変えていくには、自己モニタリングの作業を日頃から積み重ねることにより、自分も他者も客観視する能力を強化していくことが前提となる。そうした準備が積み重ねられることによって、これから述べる思考の枠組みの改造が可能になる。あなたを縛って、生きづらくしている古い考え方を壊して、もっと生きやすい考え方を手に入れるのだ。

不安型愛着スタイルの人が、他人に遠慮して、自分より相手を優先したり、自分の都合よりも相手の都合のために、理不尽な犠牲を払ったりしてしまうのにも、思い込みが関わっている。思い込みとは、その人の思考の枠組み（フレーム）のようなもので、その枠組みで物事を見ることに慣れている人にとっては、意識さえされない。

狭い窓から、いつも外の景色を眺めている人は、自分に見えている景色だけが外の世界だと思ってしまう。壁も窓枠も取っ払い、オープンデッキにすれば、同じところから見る景色もまるで違ったものになる。壁や窓枠といったフレームが、その人の視野を狭め、ある角度からしか見えないように制限していたのである。

思い込みを打ち破ることで、同じ状況を眺めても、見え方はまるで別物に変わる。視野の枠組み（フレーム）自体を取り替えるという意味で、「リフレーミング（認知的再構成）」と呼ばれる操作を行うことで、その人を縛っている思い込みを打ち破り、物事の見え方を変えてしまうことができる。

不安型愛着スタイルの人は、特有の思い込みに支配され、その枠組みでしか物事を見られていない。その思い込みとは、「相手に認めてもらえないと、自分の居場所がなくなってしまう」とか、「相手に嫌われ、見捨てられると生きていけない」という思い込みだ。そのために、相手の顔色をうかがい、気を遣い、犠牲を払ってまで、相手に気に入られようとしたり、歓心を買おうとしたりする。相手の素っ気ない反応は、特に意味のないものだったり、他の原因によるものだったりするのに、あなたが一人で思い詰めてしまっていることもある。それもすべては、「相手に認めてもらえないと、自分の居場所を失ってしまう」という思い込みがさせてしまう。

相手が、生きるために頼らざるを得ない存在で、それなりに恩恵を受けているのであれば、そう思うことも仕方がない。しかし、まだ何の恩義もない存在や、あなたをただ利用しようとしている存在にまで、気を遣い、相手の都合のいいように合わせることは、的外れだといえる。

その思い込みは、あなたがまだ無力な子どもで、親や周囲の存在に合わせるしか生き延びる術がなかったときには、意味のあるものだった。しかし、いまやあなたは一人前の大人となり、もはや誰の言いなりになる必要も、支配される必要もない。

ところが、あなたの体に染みついた反応パターンが、すっかり事情が変わっているのに、昔のままの反応をしてしまう。それは、愛情希求と恐怖という正反対の強い感情とともに、植え込まれてしまっているためだ。

「計算ができる」ウマは、顔色を読み取って、調教師の望む通りの答えを返すことができるわけだが、それは、相手の期待通りにしていれば後でニンジンをもらえるからでもあり、同時に、期待されるように振る舞わないと、鞭《むち》で叩かれるかもしれないという恐怖も植え込まれている。アメとムチ、つまり喜び（報酬）と恐怖（罰）という相反する二つの強い情動といっしょに行動を学習させられているわけだ。

人間の場合も、さほど変わりがあるわけではない。親や先生の顔色を見て、期待される答えや行動ができる子どもは「良い子」と評価され褒められるが、期待された答えや行動ができないと、愚か者呼ばわりされ、ときには手痛い罰を食らってしまう。感情的な支配が強い親、たとえば、気まぐれでヒステリックな母親や、爆発すると何をするかわからない暴力的な父親のいる家で育った子どもは、親の顔色に敏感にならざるを得ないが、それは、体に染み込んだ恐怖と結びついているので、大人になっても、その反応の名残は完全には消えないのだ。

相手が親であれば、幼い子どもには、他にどうすることもできないともいえるが、問題は、そうした反応が、別の相手にも起きてしまうことだ。むしろ、状況が逆になっていることも多い。親からの支配はゆるみ、親に対してはあまり気を遣わなくなり、言いたい放題のことが言えるのに、第三者に対しては、必要以上にへりくだったり、顔色をうかがって相手に合わせすぎてしまうこともしばしばだ。もちろん、いまも親にも本音が言えず、良い子を続けているという場合もあるが。

いずれにしても、あなたが何の恩義も感じる必要のない存在に対してさえ気を遣い、嫌われないように振る舞うのは、あなたが親や先生から植え込まれた「相手に従わなければ、悪い子になり、評価をもらえない」という思い込みに支配されているためだ。それは、評価される喜びや否定される恐怖とともに、あなたを動かしているのである。

言い換えると、あなたはアシカのような存在であり、調教師が望むように行動するよう訓練を受けてきた結果、目の前にいる相手が調教師でなくても、同じように反応してしまうということだ。調教師は、日夜あなたの世話をしてくれたり、餌《えさ》をくれたり、愛撫《あいぶ》してくれたりしているので、調教師の言いなりになることは、ただ支配されるだけでなく、親愛の情を抱いている調教師に喜んでもらうことが、あなたにとっても喜びになるといった面もあることだろう。

しかし、あなたの世話をしてくれたわけでもない人が、調教師のように命令を出してきても、あなたは同じように反応してしまう。それでも、ご褒美をもらえるのなら、生活のためだと割り切ることもできる。しかし、アシカでさえ、餌もくれない相手に同じように振る舞い続けることはない。

あなたに対して、理不尽な頼み事や要求をしてくる人がいて、応じないと悪いような気がしたら、自分にいくつか質問してみることだ。

「この人は、私の調教師のつもりか」

「私は、この人のアシカか」

「この人は、いつも私に餌をくれているか」

「この人は、私にいつも餌をくれる調教師でもないのに、調教師ヅラしていないか」

そう自問しているうちに、相手に都合よく使われ、言いなりになっていることに、次第に腹が立ってきたり、馬鹿馬鹿しく思えてきたりするはずだ。

自分が、餌もくれない相手に、昔調教されたように行動していることに気づくことで、その支配を打ち破ることができる。

理想化という支配――結衣さんのケース

不安型愛着スタイルの人は、対等ではない、支配された関係に陥りやすいのだが、それは支配とは一見異なるもののように感じられることもしばしばだ。自分が喜んでそうしている、そうしていることが生きがいだと思ってしまうことも多いのだ。

それは尊敬する存在や信奉する存在に対して起きやすい関係だ。「この人に、どんなことがあってもついていこう」とか、「この人こそ尊敬すべき理想の人だ」という思いにとらわれることも、実は心理的支配を受けた関係にはまり込んでいるサインなのだ。それは、本来目指すべき対等な関係とは違っている。

結衣《ゆい》さん（仮名）は、三十代後半の女性である。就職氷河期に社会人になったこともあり、これまで就職では苦労することが多かった。いまの会社に正社員として採用されたとき、結衣さんは何としてもこのチャンスに結果を出し、自分を正社員に取り立ててくれた社長の恩に報いたいと思っていた。社長はまだ四十代の若手実業家だったが、父親から継いだ会社を急成長させたやり手だった。カリスマ性があり、人間としても、男性としても魅力がある人物だった。

入社一年後、結衣さんは働きぶりを認められ、社長から、新しく立ち上げた部門の責任者に抜擢された。

就任当初は、希望と意欲に燃えていたし、自分にも自信があった。社長の期待に応えようと邁進したのである。しかし、一年後、社長の思い付きで始めた事業は、大きな赤字を出すばかりで、顧客の獲得も低迷したままだった。どうにかしようと新たな手を打っても、売り上げの増加にはほとんどつながらなかった。

社長は相変わらず強気ではっぱをかけてくる。結衣さんは、自分の努力や工夫が足りないのだと思い、休日も休まずに仕事を続けた。周囲は、そんな結衣さんの苦境を助けてくれるどころか、冷ややかに高みの見物を楽しんでいるようだった。結衣さんの出世を面白く思っていなかった人たちや、社長のワンマンな手法に反発する人たちが、一斉に陰口を言い始めたのだ。

それだけなら、結衣さんも耐えられたかもしれない。一番ショックだったのは、言い出しっぺだった社長まで、結衣さんに冷たく突き放した態度を取るようになったことだ。「きみにはもう少し期待していたのだが」と、まるで失敗の原因が結衣さんの努力不足にあるかのような言い方をされるようになったのだ。

社長の期待に応えようと、あれほど必死に歯を食いしばって頑張ってきたことは何だったのだろうか。すべてが空しかった。疲れ切り、起き上がる気力もなくした結衣さんは、ついに仕事に行けなくなってしまった。

それでも、結衣さんは、社長に対して怒りをぶつけるどころか、社長の期待を裏切った自分を責め続けていた。せっかくチャンスをくれた社長の期待を裏切り、社長にまで迷惑をかけてしまった自分が、救いようのない、無能な人間だと思っていたのだ。

だが、客観的に事実を振り返ってみれば、失敗の最大の原因が、事業計画やマーケティング戦略も十分ないままに、思い付きで事業を立ち上げた社長の自信過剰と判断の甘さにあることは明らかだった。実際に現場を任された結衣さん自身が、思い知ることになるのだが、市場が思ったほど大きくない上に、すでに過当競争の状況になっていたのだ。よほど斬新なサービスを、大きな資本をつぎ込んで売り込みでもしない限り、ライバル企業の間に割り込んでいくことは至難の業だった。結衣さんは、社長の思い付きに巻き込まれ、およそ勝算のない戦いを強いられたのである。

だが、なかなか結衣さんはその事実を受け入れられなかった。そう考えることができれば、結衣さんの気持ちは軽くなるはずだったが、そう思うことは、社長のもと、頑張ったことすべてを否定してしまうように思えたのである。結衣さんは、こうなってもまだ、社長が自分を認めてくれ、抜擢してくれたことを、社長の軽率さや判断ミスの結果だったとは思いたくなかったのだ。

結衣さんが、自分なりに整理して、その事実を受け入れるためには、一年余りの時間を必要とした。上の姉と下の弟にはさまれて、あまり注目されることも、褒められることもなかった結衣さんは、自分は何のとりえもない劣った人間で、どうせ人に認められることも愛されることもないのだと思い込んで生きてきた。

社長と出会って、結衣さんは初めて、自分の優れた点を認めてもらえたのだ。最初は買いかぶりだと思い、自分のことをおちょくっているのではないかとも思って、警戒していたが、社長が本気でそう思い、自分に期待してくれていることを知るにつれて、結衣さんはこれまで味わったことのないような生きがいを、社長との仕事に見いだすようになっていた。日陰者のような自分の人生が、社長に認められたことで、一気に逆転できるように感じ、だからこそ、あれほど入れ込んでしまったということを、受け止められるようになったのだ。

不安型愛着スタイルの人が、ある人物に自分の理想像を見て、その人の期待に応えようとするとき、偶像化ともいえる絶対視が起きることがある。それは一種のマインドコントロールで、たとえ与えられた任務が、その人の健康も人生も損なってしまうようなものであっても、それをやり遂げることが使命のように感じられ、それを達成できない自分の方を受け入れられなくなる。

ある程度回復したとき、結衣さんはもう一度だけ、社長と顔を合わせる機会があった。そのとき、結衣さんはすでに退職する決意をして、最後に挨拶に行ったのだ。そのとき初めて社長は、自分の見通しが甘くて、結衣さんに苦労をかけたことを詫《わ》びた。その一言で、結衣さんは救われた気がしたが、社長がもう一度自分のところで働いてみないかと言ったとき、はっきりと断ったのである。それが結衣さんなりの決着のつけ方だった。

その後、別の会社に再就職した結衣さんは、あのときの苦労が何だったのだろうかと思うほど、気楽にのびのびと仕事ができている。また入れ込みすぎると、期待をかけられることになってしまいかねないので、自分の領分だけこなし、会社全体のことを考えたり、他の社員に気を遣いすぎることも控えて、その時間だけ雇われているのだと割り切るように心がけている。仕事が終わるとすぐに会社を出ることに、少し気が咎《とが》めるときもあるが、その分、プライベートが充実して、生活を楽しめるようになっている。

「理想の存在」ではなく、安全基地を手に入れる

愛着の課題を克服し、対等な関係を築いていくことが次第にできるようになることは、安全基地を手に入れる能力が高まることと同時進行でもある。

安全基地を手に入れるということは、必ずしも新しい出会いにそれを求めるということではなく、身近な存在を安全基地に変えていくという意味を含んでいる。

その一方で、安全基地にはなれず、あなたに対して支配的に振る舞おうとする存在からは、距離を取り、きっちり拒否をするということでもある。

あなたが安全基地を手に入れることができるようになるとき、それは同時に、あなたが、あなたの大切な存在にとって、安全基地になる能力を手に入れるということでもある。あなた自身が安全基地になれるようになったとき、あなたにとっての安全基地を手に入れること

ができるようになる。逆もまた真なりである。

回復のプロセスは、安全基地となる存在との出会いから始まることもあれば、あなたが誰かの安全基地になることで、突破口が開かれることもある。

多くの場合は、まず前者のプロセスにより、これまで本当の安全基地というものをあまり体験したことのなかった人が、安全基地とはどういう存在か、それを身をもって体験することから始まる。そのためには、必ずしも安定型の人である必要はないが、愛着の課題をある程度克服した人に出会う必要がある。もともと愛着の課題を抱えていて、それを自身で克服した人は、支え手として優れた力を持っていることが多い。

相手があなたにとって安全基地となるためにも、また、あなたが誰かにとって安全基地となるためにも、どちらにも同じことが当てはまる。あなたが、あなたの大切な人にとって安全基地になれることは、ある意味、愛着の課題を克服する上での最終ゴールだといえる。そのゴールを達成するためには、あなたは良いお手本に接して、安全基地とはどういうものかを自ら体感する中で、その人から学ばなければならない。いくら知識や技術があっても、偉そうな肩書きを持っていても、あなたにとっての安全基地になることができなければ、安全基地になる術など学びようもない。

大事なことは、あなたに必要なのは「安全基地」となる存在であって、「理想の存在」ではないということだ。愛着の課題がまだ克服されていないときに起きやすいことは、親に対してはは期待することをほぼ諦め、距離を取れるようになっているのだが、その穴を埋めるかのように、他の人を理想化してしまい、すぐ頼ろうとする傾向を持ってしまうことだ。

不安型愛着スタイルの人が、占いや新興宗教などにはまりやすいのも、そうした特性のためだ。親という真の安全基地を持たずに育った結果、親代わりの存在をいまだに求めているともいえる。自分のことを認めて、すべて受け入れてくれる存在を求める気持ちがとても強い。だが、愛情や承認に対する飢餓感が強い分、相手に対する目を曇らせてしまう。飢えた人にとって、どんなものもご馳走に思えてしまうように、まったくその人にふさわしくない存在やその価値のない存在を、理想の相手のように錯覚して、すべてを許したり、貢いだりするということも起きやすい。

相手にとっては、ある意味、とても思い通りにしやすい相手だといえる。その気になれば、盲目の相手をだますように、相手が期待する人物像を、その場だけ演じて、信じ込ませ、都合よく利用することもできてしまうのだ。

「この人こそ運命の人」「理想の相手」と思って舞い上がってしまっているときこそ、危険なときだといえる。間違った選択をしたり、過剰な理想化に陥ったりしている。その思い込みは、その人が期待するものを、相手に投影しているにすぎず、ある意味、自分が求め続けている理想の存在を、その人に勝手に映し出しているのだ。それが、現実の相手とは、まったく別物であることはいうまでもない。

時間が経てば、すぐに馬脚を露し、とんだ食わせ者だということが明らかとなるのだが、ちょっとおかしいなということが一回や二回起きても、そこから目を背けてしまう。間違いだと気づくことは、理想の相手だと思った存在が、ただの馬の骨だと認めてしまうことになるので、そうやすやすと認められないのだ。暴力をふるわれたり、理不尽なことが起きたりして、散々な目に遭って、ようやくすべてが幻だったことに気づく。

つまり、理想の存在か、安全基地となる存在かを見分けることが重要になる。

安全基地とは、いっしょにいて安心でき、ありのままの自分になれる存在だ。理想の存在のように、輝かしいところも、ときめきも、崇拝の思いもともなわないが、温かさや優しさを感じられる。だが、ただ優しく、甘やかしてくれるわけではない。一定の責任とルールや秩序を守ることも求められる。話を聞いて、求めれば助言や知恵を授けてくれるが、その人に代わって、その人がすべきことをしたりはしない。あなたのために何でもしてくれ、誰よりも自分を愛し、優先してくれる理想の存在ではないのだ。

理想の存在を求めようとすると、せっかくの安全基地も、安全基地でなくなってしまう。理想の存在を求める気持ちが、安全基地を失うことになってしまうのだ。そして、理想の存在に出会えたと思ったときには、それは必ず幻で終わってしまう。

安全基地になるための条件

安全基地とは、困ったときに助けを求めることのできる存在だが、その説明はしばしば誤解を生む。困ったときに何でもしてもらえる存在だと過剰な期待を抱かせたり、さほど困っていなくても、居心地がいいので甘えてしまう存在となってしまうこともある。

そうなってしまうと、安全基地だったはずの存在は、あなたの自立を阻む麻薬のようなものになってしまったり、あなたの面倒を見ることに疲れ果て、体力的、精神的、経済的に行き詰まり、破綻してしまったりする。安全基地が、安全基地として成り立たなくなり、扉を閉ざして、縁を絶つしかなくなってしまうことも珍しくない。

何が問題かといえば、一方的に献身し、持続困難な支援をすることや、安楽さに依存させることが、安全基地ではないということだ。親自身が身を滅ぼしてまで子どもを守ろうとするということも現実にはあるわけだが、その後のことまで考えると、それでは子どもを守ることにはならない。ともに共存し長続きする関係でなければ、子どもであれ、大人であれ、その人の自立を見守ることはできない。

助けすぎることも、必要なときに助けないのと同じように害をなし、自立を損なってしまう。ほどよさが何よりも重要であり、安全基地になるための第一条件といってもよいだろう。このほどよさの感覚を身につけ、実践することが、人生がうまくいく秘訣でもあるのだが、愛着に課題がある人は、極端になりやすい。そして、その特性は、その親たちからしばしば譲り受けてしまった特性でもある。

このような親御さんの場合には、安全基地になってくださいと言うと、何でも言うことを聞いて、甘やかせばいいと誤解する一方で、子ども自身ができることまで助けすぎないようにと言うと、一切突き放して、無関心になってしまったりする。ほどよい関わりが苦手なのだ。

ほどよい関わりというものは、ただ中間ぐらいにすればいいというように思えるかもしれないが、実際にはとても難しい。ほどよい関わりができるために必要なのは、相手の立場になって考え、気持ちを汲む能力とともに、状況を少し離れたところから俯瞰するように客観視する能力である。

優しさと揺るぎなさと

その二つの能力は、一方では優しさや共感につながり、もう一方では、目先のことにとらわれない、揺るぎない大きなまなざしに通じる。その二つを兼ね備えて初めて、安心して頼ることができるとともに、本人がすべきことまで肩代わりしてしまったり、本人が向かうべき自立という目標を忘れて、抱え込んだりしないように自制することもできる。

子どもにとって、安全基地となってくれる親であれ、教師であれ、カウンセラーであれ、優れた導き手には、この二つの能力が備わっている。それによって、ほどよい関わりが可能になるのである。そして、その人たちも、生まれつきそうした能力が備わっているわけではない。むしろ、さまざまな偏りを克服しようと苦闘した末に、そうした力を身につけてきたのである。

不安型愛着スタイルを克服する過程においても、われわれが取り組む課題やプロセスは、まったく同じだといえる。相手の立場で思いを感じる共感能力と、物事を冷静に俯瞰する客観視の能力を身につけることによって初めて、ほどよい関わりというものができるようになる。自分が安全基地になること、そして、自分にとっての安全基地を手に入れることも、うまくやれるようになるのである。

自分の歴史、家族の歴史を語る

客観視の能力が高まり、ある程度、物事を客観的に振り返れるようになるとともに、相手の不当な支配をかわして対等な関係を結び、安全基地を手に入れられるようになってきたとき、愛着の課題や未解決な愛着トラウマを乗り越える上で、大いに役立つのは、大きな視点で自分の人生や一家の歴史を振り返る作業をすることだ。

振り返りや語りの機会を豊富に持つことは、客観視の能力を高めるだけでなく、愛着の課題を克服するのにも大いに役立つ。

振り返る力が高い人では、恵まれない、過酷な幼少期を過ごした人でも、安定型愛着スタイルを手に入れやすいことが知られている。また、アメリカの心理学者メインらの研究によると、親自身の子どもの頃の話をよくしている人では、その体験が困難なものである場合でさえも、その子どもが安定型の愛着スタイルを示しやすいという。

過去の出来事について語る行為は、繰り返し繰り返しなされる中で、次第に整理され、客観的に語ることができるようになっていく。それを治療として行う場合も同じである。

過去のつらい体験にまだ呑み込まれてしまっているうちは、言葉を発することさえ難しい。話そうとしても、語りというよりも嘆きや怖れや怒りといった感情の暴発で終わってしまう場合もある。語りを繰り返す中で、比較的冷静に状況を振り返り、言葉でたどっていくことができるようになる。

やがて、自分の視点からだけでなく、他の人の視点や、もっと大きな視点で、その出来事を語ったりし始める。自分の身に起きた出来事としてだけでなく、家族にふりかかった出来事として、家族や一族の歴史として、語ることもできるようになる。

ただつらく、おぞましい体験でしかなかったことも、そこまで心を乱されることもなく、ときにはユーモアを交えながら、語るようになる。トラウマ的なとらわれや視野狭窄《きょうさく》が薄らぎ、客観視が可能となったのだ。

だが、実際の不安型愛着スタイルの人の語りは、圧倒的に目の前の出来事に縛られやすい。不快なこと、傷つけられたこと、不満や怒り、イライラすることを、機関銃のように吐き出し続けるというのが通常だ。家族は誰も自分の話を真剣に聞いてくれないと不満を述べることも多いが、何年も嘆きや不満ばかりを聞かされたら、愛情深かったパートナーも、次第に音《ね》を上げ、耳をふさぎたくなるだろう。

嘆きの段階から語りの段階へと、ステップ・アップする必要がある。

カウンセリングを受けている場合でも、時間の大部分を、嘆きや怒りの吐露に費やしてしまうことは多い。ある程度はそれも必要なことではあるが、そこに終始していたのでは、克服の方向につながりにくい。

その場合、有効なのは、嘆かわしいことや腹立たしいことばかりではなく、その前後の経緯や事情から、まずは丁寧に語ってもらうことだ。さらには、そうした過酷で、つらい体験をどうやって乗り越え、生き抜いてきたのかや、そうした中にあっても、よかったことや自分なりにうまくいったことなど、少しずつ丹念にたどっていく作業に取り組むことだ。

そうした作業が、物事を客観的に見る力を養うことにもつながり、その場その場の感情ではない、もっと大きな視点で人生を考え、試練を成長に変えていくことを可能にしていく。

自立への挑戦

不安型愛着スタイルの人は、誰かに頼らずには自分を支えていけないという依存性を抱えている。幼い頃に、愛情と安心をたっぷりと注がれ、愛されることを確信している安定型の人とは異なり、常に愛に飢え、見捨てられないか不安で、他人にすがりたい気持ちを持っているのだ。

そのため、不安型愛着スタイルの人は、周囲の人間関係や環境に左右されやすい。そばにいる人間がその人を可愛がってくれるか、邪険にするかで、すっかり状況が変わってしまう。他人の顔色一つで、その人がハッピーかアンハッピーかが、一八〇度左右されてしまうのだ。

そうした不安定な状態を脱する方法としては、大きく二つあることになる。

一つは、安定感があり、変わらずに自分のことを守ってくれる信頼できるパートナーや環境を手に入れることである。これも大切な条件であることはいうまでもない。

しかし、これもまた、他力本願であることには変わりなく、どんなに信頼できる庇護者であろうと、亡くなってしまうこともあるし、さまざまな事情で心変わりすることもある。いつまでも若さが続くわけではない。年を取り、お互い容色も衰え、性ホルモンの分泌も低下してくると、性的な結びつきも弱まっていく。永遠の愛に思えたものも、活発な性ホルモンの働きが生み出していた幻だったということに気づかされるのである。

他方で、性ホルモンが活発すぎても、同じ相手だけでは満足できなくなり、火遊びを始めてしまうということもある。変わらない愛を信じていた存在にとっては、それは、世界が真っ二つに割れてしまうほどの、途方もないダメージとなる。

そうした外的な事情に左右されず、安定を保とうとすると、もう一つの戦略が必要になる。それは、自立するということである。不安型愛着スタイルの人が、安定を獲得する上で、経済的、職業的、社会的自立を成し遂げることは、しばしば精神的な自立の達成にもつながり、とても重要だといえる。

「帽子を作りたいの」の一言からすべては始まった

ココ・シャネルが、不安定な愛着を抱えた、身寄りもない貧しい少女から、自信に溢れ、世界を変えてしまう、時代の旗手ココ・シャネルに生まれ変わることができたのは、ココが若き実業家ボーイ・カペルの愛人としての生活だけでは満足しなかったからでもあった。

二人は初め、ホテル・リッツで暮らしていたという。その後、カペルのアパルトメンに移った。しかし、贅沢な暮らしも、ココの気持ちを完全に満たしはしなかった。

ある日、ココはボーイに、「働きたいの。帽子を作りたいの」と告げる。ボーイは、趣味に毛が生えた程度の手すさびだと思っていたに違いない。それくらいの資金は出してやろうと、即座にＯＫした。

彼としても、ココを日陰者の地位に置いていることに一抹の罪悪感を覚えていたので、ココの申し出は、よい罪滅ぼしに思えたのだろう。

最初の店をかまえたとき、ココは二十七歳になっていた。ココの帽子よりも、先に人々の関心を惹いたのは、ココという存在そのものだった。女たちは、少壮実業家の愛人がどんな女かを見にやってきたのだ。だが、買い手の興味を惹くことは、ココ・シャネルのビジネスの成功への重要な要素であった。誰も見たことがないような帽子はたちまち評判になり、今度はココの作る帽子を求めて客が押しかけるようになった。

ココはファッションの仕事に夢中になっていく。自分の天職に出会ったのである。だが、それは、永久に自分のものとならないボーイ・カペルへの思いを昇華する手段でもあったに違いない。それは、経済的、さらには社会的な成功をもたらし、ココの自立を強力に支えることになる。

それでも、事業がスタートしたばかりの頃は、ココはビジネスには素人で、カペルの信用で銀行から提供される資金に頼っていた。金銭感覚も危うく、ココは小切手を使いすぎると、カペルから不満を言われるほどだった。

あるとき、ココが自分の店がすっかり軌道に乗ったと、カペルに自慢したとき、カペルは、銀行から借り入れたお金のことを、ココが計算に入れていないことをやんわりと指摘した。自分の店が稼いだお金で、ビジネスが回っていると思っていたココは、強い衝撃とともに、怒りを感じた。所詮、カペルのお金で商売しているだけで、結局、カペル次第なのだと思い知らされて、ココはひどく傷ついたのだ。ココはカペルの単なる囲われ者やお荷物ではなく、対等なパートナーだと思いたかったのだが、自分が自立だと思っていたことが、彼の手のひらで踊らされていただけだと知る。

ココは雨の中、外に飛び出した。カペルが追いかけてきた。ココは雨の中を歩き続けた。カペルがココに追いつき、ココを捕まえた。二人はずぶ濡れになり、ココは泣いていた。だが、その日から、ココは本物の事業家となる道を歩み出した。それから一年もしないうちに、ココの店は、カペルの保証や銀行からの融資なしでも、十分に成り立つようになっていた。

ココが本当に求めてやまなかったのは、優しさと愛情だったかもしれないが、彼女が手に入れることができたのは、経済的な自立であった。もうボーイ・カペルに生活費や事業の資金を出してもらわなくても、よくなったのである。

ココ自身、お金に対する興味はなかったが、お金は自由を保証してくれるものとして意味があったのだと述べている。

数年後、自動車事故で突然カペルが亡くなったとき、ココは強い衝撃を受けたが、経済的に困ることだけはなかった。カペルに保証してもらい、銀行から金を借りなくても、ココのビジネスは、独り立ちできるまでになっていた。

本来の自分の強みや価値に気づく――自分の認識の枠を広げる

自分の強みや優れた点を把握し、それを活かしていくことは、作られた否定的な自己イメージを打破することにつながる。それは、自己効力感や自己肯定感を取り戻し、不安型愛着スタイルを克服することを可能にする。

自分の価値は、しばしば自分にはわからないということも少なくない。カウンセリングの役割は、第三者の視点で、その人の強みや価値に目を向けさせ、気づかせることである。

不安型愛着スタイルから安定型愛着スタイルへと変化を遂げるためには、周囲の他人ではなく、自分自身が何を望んでいるのかを知り、たとえ周囲が反対しようと、自分がやりたいことをしていくことが必要になってくる。だが、そもそも自分自身が何をしたいのかわからないということもしばしばだ。まずは、自分の気持ちや本心というものを、最初はおぼろげでもいいので、少しずつ言葉にすることである。

そのために役立つのは、自分の思いを綴ったり語ったりする作業である。

人は自分のことは自分が一番わかっていると思っているが、案外自分ほど、自分にとって見えにくく、わかりにくいものはないともいえるのである。

愛着の課題を抱えている人では、もともとの気質と、養育環境やその後置かれた環境で身につけた愛着スタイルや愛着トラウマの影響が混じり合っている。

不安型愛着スタイルを抱えている人では、いい意味でも悪い意味でも他人の影響や支配を受けやすいため、後から身につけたものや影響がもともとの気質を覆い隠していることも多い。子どもの頃の話をしているうちに、いまの姿とはまったく違った面が語られることもある。もっと楽観的だったり、天真爛漫だったり、たくましかったり、わんぱくで大胆だったり。つらかった思い出ばかりではなく、楽しかった思い出や、意外なエピソードといったさまざまな思い出を語る中で、もともとの自分に気づけたりする。

自分がそうだと思い込んでいる自分ばかりではないのだということ、自分には別の生き方ができる可能性が備わっているのだということに気づき、自分の認識の枠を広げることができる。

サバイバーだからできること

社会的役割や仕事を手に入れ、自立を成し遂げていく中で、愛着に課題を持ち、それに取り組んできた人は、自分がその過程で獲得した安全基地となるスキルや才能を、仕事においても活かすことがしばしばだ。

不安定な境遇を生き抜き、傷ついた愛着を克服してきたサバイバーだからこそ、できることがある。そうした領域や分野で活躍し、同じような苦しみを抱えている人たちを支える側に回ることも多い。

長い苦しみの後でたどり着いた仕事――潤子さんのケース

潤子さん（仮名）は、美貌に恵まれた女性で、アパレルの販売職としてのキャリアもあり、大手のデパートを中心に、一見華やかともいえる活躍をしてきた。

しかし、自分が幸福だと感じることはあまりなく、何度も自殺未遂をしたこともあった。それは、自分の淋しさや苦しさをわかってほしいという、命がけのアピールでもあったが、両親は、潤子さんの思いよりも、「また、こんなことをして、迷惑をかけて」「いつまで周囲を振り回したら気がすむのか」と、ただ嘆いたり責めたりするだけだった。

潤子さんの淋しさの根底には、妹のことが関係していた。祖父母に可愛がられた潤子さんに対して、母親が大事にしたのは妹の方だった。祖父母の家によく遊びに行っていたのも、自分の家に居場所がなかったせいかもしれない。

潤子さんは、小学生の頃から家事もよくする子だった。母親に認めてもらおうと頑張っていたのだ。しかし、できていないときは文句を言われても、褒めてもらえたことはほとんどなかった。二言目には、妹のことばかりで、妹には家事など一切させず、潤子さんがさせてもらえなかった習い事に行かせていた。この違いは一体何なのかと、潤子さんは、つらくなるのだった。

高校生になった頃には、家に居づらいと感じ、早く家を出たいと思うようになった。大学へ行くよりも、就職しようと思ったのは、その方が早く家から出られると思ったからだ。

潤子さんが、救いを求めたのは男性との関係だった。しかし、そのことで、ますます家族との関係は悪化することになった。最初の自殺未遂を起こしたのは、その頃のことだ。

潤子さんの男性関係のパターンはいつも同じだった。この人こそ、自分のすべてをわかってくれる、と期待して、すべてを捧げるのだが、時間が経つにつれ、自分が思ったほど、自分のことをすべて受け止めてくれるわけではなく、ときにはうんざりした顔をされたり、「おれも、疲れたよ」と、げっそりした声を出されることもある。そうなると、自分のことが嫌になったのだと思うだけでなく、これまでの愛情もすべて見せかけのまやかしだったように思えてくる。それなら、もう死んでしまって何もかも終わりにしたくなる。

彼の家を飛び出して実家に戻ったこともあるが、親は温かく迎えてくれるというよりも、困ったような顔をして、こそこそ耳打ちしている。隣に住んでいる妹に見せる優しい笑顔とは、まるで違っていた。実家にいることもつらくなって、もう行くところがないという気持ちになってしまう。

そんな中で起こした自殺未遂騒ぎは、よけい潤子さんを厄介者にしてしまったようだ。

そんなことを繰り返しているうちに、いつのまにか年だけを重ねてしまった。デパートでの販売成績は決して悪くなく、お給料もそれなりにもらっていたが、寄ってくる男は甲斐性なしばかりで、食事代でもホテル代でも、潤子さんが支払う羽目になるのだった。一番長く付き合ったのは、上司だった妻子持ちの男だったが、離婚する気がないとわかってからも、完全に別れるのに二、三年かかった。

いまの彼氏と付き合い始めたのは、四十の声を聞いた頃で、もう五年の付き合いになる。周囲の友人は結婚して子どもができただとか、自宅を買っただとかいうのに、潤子さんは、相変わらずワンルームの借家暮らしだった。結婚や子どもを持つことも諦めかけていたが、温かい家庭への憧れは強かった。彼は五十手前で、バツイチだったが、いままで付き合った男性とは違う安定感があった。小さな会社だが、自分の腕一つで切り盛りし、自ら営業に飛び回っていた。

ワンルームは淋しいし、実家にも居場所がないと話すと、おれのところに来たらいいと、言われた。どうせおれは出張がちだから、自分の部屋同然に使ったらいい。ワンルームの家賃を節約できるだろうと。実際、その通りで、彼はよく出張に出かけたし、彼の部屋は実家よりずっと居心地がよかった。自分のワンルームも引き払っていっしょに暮らすようになったが、彼は結婚の話は一切口にしなかった。一度失敗して、結婚には懲《こ》りているのか、それとも縛られるのが嫌なのか。

いっしょに暮らし始めたというのに、セックスの回数は逆に減ってしまい、潤子さんは、愛されている実感が持てなくなっていた。たまに外食して、せっかくの楽しいときを過ごしているというのに、大げんかが始まってしまうことも多かった。アルコールが入ってブレーキが弱くなるせいもあるのか、ふだん抑えている不満が爆発してしまうのだ。性的な欲求不満もあっただろう。

それでも抱いてくれたら、まだ火を鎮めることができただろうが、彼は猛《たけ》り狂う潤子さんに嫌悪感さえ示して、体に触れようとさえしないのだった。挙げ句の果ては、また自殺未遂騒ぎで、せっかくの週末が台無しになったことも一度や二度ではなかった。

その後、潤子さんは、求めすぎないことで、ある程度バランスを取れるようになったものの、それでも、ときには自分は彼の一体何なのか。自分の人生は何だったのかと、怒りとも悲しみともつかない思いに、心がもやもやしてくる。彼に抱いてさえもらえない自分は、愛人ですらないように思えた。

思い切って彼にそのことを言ったこともある。「私はあなたの何なの?」と。

彼は、またその話かというように、潤子さんを見て、「悪いけど、いまのおれには妻を養う甲斐性も自信もない」と答えるだけだ。

そんな男、早く別れて、ちゃんと安心させてくれる人といっしょになった方がいいと、誰からも言われるが、そのときは納得するものの、結局別れることもなく、ずるずるときている。

コロナ禍でデパートの客足が落ち、そのしわ寄せがベテラン販売員の潤子さんにも及んできた。ついに仕事まで居場所がなくなるのかと思っていたとき、ある求人が目にとまった。それは、グループホームの世話人を求める募集で、潤子さんの琴線に触れるものがあった。

　面接のとき、実際の職場や仕事の話を聞いた。さまざまな心の傷や病を抱えている人に、住む場所だけでなく心の拠り所を提供する仕事だと知った。自分のように、居場所のない人間がしていい仕事だろうかという思いとともに、この仕事をやってみたいという気持ちが、強く湧き起こっていた。自分の過去も含めて、正直な気持ちを話すと、責任者の方は、じっくり話を聞いてくれた上で、あなたのような方に来てほしいと言ってくれた。

　それから一年、肉体的にも精神的にも大変なことは多々あるが、潤子さんはこれまで味わったことのないようなやりがいを感じるとともに、いままで苦労したことも無駄ではなかったと思えるようになった。彼に対しても、依存する気持ちが薄らぎ、自分の人生は自分で切り開いていこうと思えるように変わったという。

第6章　愛着障害の心理療法

愛着スタイルと愛着トラウマ

最後に、この第6章では、より専門的な治療や心理療法を希望されている人のために、比較的利用しやすいものを中心に紹介していこうと思う。単に専門的な療法の紹介にとどまらず、そこから克服のヒントを学んでいただけたらと思う。

愛着の課題と一口にいっても、愛着スタイルの課題が中心のケースと、愛着トラウマによって複雑性ＰＴＳＤを生じているケース（未解決型愛着スタイルとも呼ばれる）に大きく分けられる。

両者の違いは何かというと、不安型や回避型愛着スタイルのような愛着スタイルは、ある意味、その人に馴染んでいて、自我親和性が高いのに対して、トラウマによって苦しんでいるケースでは、その体験はその人を脅かす自我異質的なもので、その状態で暮らすことに大きな苦痛があるということだ。

たとえば、比較的軽度の不安型愛着スタイルでは、ある時期までまったく何の違和感もなく、むしろそれが自分らしさとして感じられていることも多い。精神的、社会的な自立の段階になって、ようやく自分の課題に気づくわけである。

しかし、もう少し深刻なケースでは、不安型愛着スタイルに加えて、未解決な愛着トラウマが付随してくることも多い。両親の離婚や再婚、離別、精神的な支配、虐待やネグレクトなどによって、未解決な愛着トラウマを引きずっている。

さらに重度になると、解離や激しい自傷、情緒不安定、不安定な対人関係、自殺企図、薬物依存などの問題をともないやすくなる。

したがって、愛着を扱うアプローチにも、愛着スタイルへの働きかけを中心としたものと、愛着トラウマ（複雑性ＰＴＳＤ）への手当てに重きを置いたものに大きく分かれることになる。

筆者が長年取り組んできたのは、生命の危機に直面するような重度のケースであったが、重いケースでも比較的軽度のケースでも、基本は同じである。表面的に社会生活が営めているからといって、その生きづらさが軽いとは決していえない。そうしたケースでも、未解決な愛着トラウマを抱えているケースは少なくない。複雑性ＰＴＳＤの診断に該当する人は、不安型愛着スタイルの１割未満にとどまるだろうが、未解決型愛着スタイルを併せ持つ人は３分の１～半数近くにのぼる。

ただ、トラウマの影響が深刻で、言語化やトラウマの想起が大きな苦痛をともなうようなケース、行動化や情緒的な不安定、希死念慮が強いケース、重い解離を伴うケースでは、特別なアプローチや専門的治療が必要になってくる。これらのケースでは、医師との連携を行いながら、危険な兆候がないか、随時モニターし、必要に応じて薬での治療を併用したり、環境を調整したり、家族の協力を求めたりすることも必要である。

心理療法はとても重要なアプローチなのだが、複数の視点でチェックする体制がないと、危険な状況に陥る場合もある。心理療法を利用する場合も、限界や危険があることも知って、過度な期待を抱きすぎないことも大事である。

改善のための三つのアプローチ

愛着の課題を扱い、改善していく心理社会的アプローチとしては、大きく三つに分かれる。

一つは、メンタライゼーションや認知の改善に主眼を置き、より客観的な視点や共感的な視点を培っていく方法で、共感的なカウンセリングやありのままの受容とともに、認知的なトレーニングやナラティブ（語り）などを介して、視点の切り替えや気づき、統合を促進するアプローチである。その代表が後で述べるＭＢＴと弁証法的行動療法である。

もう一つのアプローチは、心と体は一体となっているという観点から、身体的なアプローチも重視する方法である。特にトラウマが主要な課題となっているケースでは、理性のコントロールを超えた身体レベルの生理的な反応が、その人を支配してしまうため、認知や理性に働きかけるだけでは、乗り越えがたいことも多い。近年では、そうした場合に有効なアプローチが数多く開発され、使われるようになっている。そこには、イメージや無意識的な操作を用いるもの、眼球運動を用いるもの、感覚的な刺激や呼吸を用いるもの、などが含まれる。

もう一つは、改善のためのアプローチとして取り上げられることは少ないが、実は大変重要なもので、生活や行動を介して、バランスのよいリズムや安定、自己効力感や達成感を取り戻していく取り組みである。

心理療法や心理関係の本を読むことばかりに時間やエネルギーを使うものの、肝心の現実の生活からは逃避してしまうという状況も起きやすいが、愛着の課題は、日々の生活そのものと結びついている。

何か特別な療法や手当てを受けるだけで、人生ががらっと変わってしまうというような期待は、必ず裏切られてしまう。

たとえば、ある療法を受けて、劇的によい変化が見られたとしても、それが日々の生活の変化につながり、定着していかなければ、一時的に気分や調子がよかっただけで、また元の木阿弥《もくあみ》になってしまうことも多い。

本当に必要なのは、調子や気分や状況に左右されず、生活に必要なことを、最低限度でも、休みながらでもいいから、根気よく続けられるようになり、失敗やうまくいかないことがあっても、全部が失敗のように思わずに、できることに取り組み、それを喜べるようになることである。

こうした課題は、日々の生活という修行の場でしか身につかないものであり、それをないがしろにしては、どんなセラピーや心理療法を受けても、根本的な変化にはならない。

子育てにのめり込んでいた母親の自立と脱皮——彩さんのケース（続き）

彩さん（176頁、仮名）が落ち着いていく過程で役立ったこととして、パートに出るようになったことがある。

彩さんは、発達に課題があるお子さんを、自分の責任で何とかしなければならないと思い、ほとんどつきっきりで指導したり、習い事や療育に通わせたり、子どものためにほとんどの時間を使っていた。しかし、一生懸命になればなるほど、子どものよくない点や、一向に進歩しないところばかりが見え、それが彩さんのストレスになり、彩さんを追い込んでいる面もあった。

一つの転機は、子どもが小学校に入り、療育を受ける機関が変わったことである。それまでは、家庭での関わり方をいろいろ指導され、こうしてください、ああしてくださいと、親も指導されることが多かったのだが、新しい機関では、むしろ子どものことには一生懸命になりすぎないように、ありのままを受け止めてくださいと言われるようになった。

実は、子どもの問題の多くが、彩さんが一生懸命になりすぎて厳しく指導することで、悪循環を起こしていると見立てた担当心理士が、療育よりも、母親の安全基地機能を高めることを優先するという方針で、母親のカウンセリングを進めたのだ。

その一環として、彩さんが外で働いてみたいという気持ちを話したとき、主治医は、その考えを支持した。彩さんには、それが意外だったようだ。子どもが問題を抱えているのに、自分が働きに出ていいのだろうかという思いがあったのだ。

最初は、ご主人が家にいてくれる休日に、彩さんがパートに出ることになった。彩さんは、一抹の罪悪感を覚えつつも、久しぶりに子どもから解放され、働きに出ることが楽しいと語った。もともと彩さんは、独身時代は商社勤めをして、仕事をかなり頑張っていたのだ。夫に子どもを見てもらうことで、自分の大変さが少しはわかるのではないかとも思った。どうなることかと心配しつつも、案外夫が子どもとうまくやっているのを知って、なかなかやるじゃないと夫を見直す思いもあった。

子どももむしろのびのびして、行動も落ち着いてきた。自分がのめり込みすぎていたことを改めて自覚し、家にいるときも、子どもとの関わりをあっさりとしたものに変えていくきっかけともなったのである。

しかし、働き出すと、今度は職場でのストレスやイライラも見られるようになる。何事も、いいことばかりではない。最初は親切に思えた同僚や上司も、慣れてくるにつれて、無理なことを頼んできたり他の人の悪口を聞かされたりすることも増えてきて、嫌になることもある。

それでも、家庭にずっといた頃の息苦しさよりはましかなと思えて、彩さんはパートを続け、勤務する日数もむしろ増やしていった。二、三年後にはすっかり中堅の準社員という立場で、新入社員の指導や、とりまとめ役を任されたりするようになった。

常に周囲の人に気を配り、会社の都合や利益まで考慮して働くので、周囲からの信頼は高まり、それにともなって、いろいろ面倒なことを頼まれることも多くなった。そういう場合も彩さんは、嫌なことばかり自分に押し付けてという気持ちだけにとらわれるのではなく、他のよい面も考えて、冷静に判断できるようになっていた。

「以前の自分だったら、とっくにやめていると思いますが、この会社にもいいところもあると思って。また一から関係を作っていくのも大変ですし」と語り、ときには投げ出したくなる気持ちをなだめて、仕事を続けていた。

　コロナ禍もあり、会社の方がだいぶ混乱しているようで、これではせっかくの彩さんの努力も報われないのではと思うこともあり、彩さんの働きぶりをきちんと評価してくれる職場をこの機会に探してみては、と主治医の方が提案することもあったが、彩さんの方が、いまの会社で続けるメリットを挙げて、もう少し頑張ってみますと話すのだった。

　ところが、それから二カ月ほどして、彩さんは、どこか身構えた様子で現れ、「先生、私会社をやめてしまいました」と語った。「それは、よく決断したね」と、主治医が彩さんの行動を支持すると、彩さんは意外そうにして、「先生が、がっかりされるんじゃないかと思って。そんなふうに言ってもらえるとは思っていませんでした」と、ようやくすっきりした笑顔になった。

「石の上にも三年と言うけど、彩さんは、もう三年くらいあの会社で頑張ったんじゃないの。その上で、自分が納得できないところがはっきりしてきたということは、もうその会社は、彩さんの身の丈に合わなくなった、役割を終えたということですよ。脱皮するいいタイミングだったんじゃないの」と主治医が話すと、彩さんも我が意を得たりという顔で、「実は、新しい会社に就職が決まって。三年頑張ったことも無駄じゃなかったみたいです。ちょっとレベルが高いので、自分にやれるか心配ですけど」と言いながら、その顔には不安よりも希望がたたえられていた。

始めるに当たっての二つの大事なこと

最終的には、セラピストやカウンセラーが治してくれるわけではない。克服した人は、自分で改善しようと決意し、自分の主体性のもとに自分の人生を取り戻そうとして、日々の生活に取り組んだ人である。

カウンセリングも仕事も日常の家事や育児も、どれも修行の場であり、あなたが決意してその気になれば、あなた自身を強くし、自立させ、自分の人生を歩めるように変えていくことができるのである。

もう一つ大事なこととして、どういう方法を使うにしても、その取り組みがうまくいくか、行き詰まってしまうかを左右する重要な条件がある。それは、支え手となる人が、安全基地としてうまく機能し、役割を果たすことができるということである。どんな方法を取るかよりも、ある意味、それがもっとも重要である。ことに愛着トラウマ（複雑性ＰＴＳＤ）の心理療法では、どういう方法をとるかによる効果の違いは二〜三割にすぎず、治療者（セラピスト）との関係が、効果の七割程度を左右するともいわれている。魔法の方法があるというよりも、安全基地となる存在との関係が何よりも回復を助けるのである。

では、一般にも利用しやすい心理的アプローチを挙げていきたい。ここに挙げた以外にも、重要なアプローチがあるが、紙数の関係で割愛させて頂いた。

メンタライゼーション・ベースト・トリートメント（ＭＢＴ）

メンタライゼーション（メンタライジングも同じ意味で用いられる）は、一九九一年にイギリスの精神分析家・臨床心理学者であるピーター・フォナギーによって提唱された概念で、行動の背後にある意図を理解することを意味する。愛着や発達に課題を持つ人では、このメンタライジングに困難を抱えていて、境界性パーソナリティ障害のように、とても傷つきやすく希死念慮や破壊衝動にとらわれやすい人においても、中心的な課題なのではないかと考えられるようになっている。逆に、メンタライジングの能力が高まると、傷つきやすさが改善し、愛着も安定化しやすい。

メンタライジングに焦点を絞った治療法として、フォナギーが始めたのが「メンタライゼーション・ベースト・トリートメント（ＭＢＴ）」で、実際に、境界性パーソナリティ障害などで改善効果が裏付けられている。

不安型愛着スタイルに特化した治療法ではないが、不安型愛着スタイルにおいても、これまで述べてきたようなメンタライジングの課題があり、有効なアプローチだと考えられる。アメリカなどでは、ＭＢＴを本格的に採り入れている医療機関があるが、残念ながら日本では、その知名度の高さに比して、その実践はごく一部に限られている。精神分析がベースにあるものの、チームやグループでの取り組みを重視するといった点が、採り入れる上でのハードルを高くしているのかもしれない。

海外に先駆けて、愛着トラウマを扱う日本独自の方法として生まれた内観療法は、メンタライゼーションを活性化し、新たな境地に至ろうとするアプローチだといえるが、禅などの文化を持つ日本には、メンタライゼーションの鍛錬こそ人間的成長だと考える風土がある。改めてメンタライゼーションの重要性についての認識が高まっており、そこにフォーカスしたアプローチを採り入れる動きが広がっている。この章の最後に紹介するが、筆者が開発した「両価型愛着改善プログラム」（243頁）においても、メンタライゼーションを鍛えるトレーニングがプログラムの重要な柱の一つとなっている。

弁証法的行動療法

アメリカの精神科医マーシャ・リネハンが開発したアプローチで、認知行動療法と禅の考え方が融合したものとなっている。ＭＢＴと並んで境界性パーソナリティ障害の治療法として有効性が実証された方法で、不安型愛着スタイルの改善を目的としたものではないが、その考え方や方法は、不安型愛着スタイルに伴いやすい二分法的認知や白黒思考、べき思考を脱し、バランスのよさを身につけるために大いに役立つ。

特に弁証法的行動療法が重要な柱とするのが、どんな悪いことにも意味があると、むしろ肯定し、そこにひそんだ意味に気づくことで形勢を逆転できるという発想で、認証戦略と呼ばれる。一般にも「良いところ探し」としてすっかりおなじみになった。

ただ、弁証法的行動療法でいうところの「良いところ探し」は、悪いことにもよい点を見つけましょうということにとどまらず、悪いこともそのまま肯定してしまうということである。

たとえば、リストカットをしてしまった少女が目の前にいるとして、その行動を責めたり、たしなめたり、止めさせようとしたりすることよりも、むしろ、そうした行動をするのには意味があるはずで、その意味を理解した上で、そうするのも無理はないと、むしろ正当化し、深いレベルで肯定するということである。これが、リネハンが禅から学んだ、常識を覆《くつがえ》す発想の転換で、大変有効なアプローチなのである。

本来の弁証法的行動療法は、自傷行為や自殺企図が激しい境界性のケースに対して、入院した環境で行うもので、残念ながら、不安型愛着スタイルの人が気軽に利用できるものではないが、その方法はとても有効で、筆者も日々の臨床でもっとも活用する方法の一つであり、両価型のプログラムなどにも採り入れている。

ソマティック・エクスペリエンシング（SE）

ソマティック・エクスペリエンシング（SE）は、アメリカのピーター・ラヴィーン博士が開発したトラウマ療法で、ポリヴェーガル理論に立脚している。

ポリヴェーガル理論では、自律神経を構成する交感神経と副交感神経のうち、副交感神経には腹側迷走神経と背側迷走神経があり、トラウマ状態では、原始的な背側迷走神経が過剰に働いていて、フリーズを起こしやすくなっていると考える。そうした反応が未完了になっているのがトラウマであり、トラウマから回復するためには、それを完了させる必要があるという。しかし、トラウマを処理しようと急ぎすぎると、フリーズが起きてしまい、再度トラウマを与えかねない。

そのため、ＳＥでは、①少しずつゆっくりとトラウマを扱う「タイトレーション」、②トラウマとリソース（安心の拠り所となるもの）の間を行きつ戻りつしながら処理を進める「ペンデュレーション」、③内的な葛藤状態に没入しすぎず、外界に意識を向ける「オリエンテーション」の三つの原則に基づいて、安全に留意しながら、クライエントの課題に少しずつアクセスしていく。

トラウマを扱う前に、その人にとっての心地よい状態（リソース）を確認し、トラウマの活性化が高まったとき、安全なリソースに戻れるように足場を用意しておく。その上で、少しずつ不快な記憶や体験にアクセスするが、その際に「いま、体では何を感じていますか」「何に気づいていますか」というように、身体感覚をモニターしながら、限界を超えないようにする。

この限界を超えないことを自覚的にできるようになることも、クライエントの自己調整力を高めるのに有効だという。

ＳＥは、トラウマに対する身体的なアプローチを代表する方法の一つだが、身体感覚やイメージを活用する方法には、ゲシュタルト療法や自我状態療法、フォーカシング、ハコミセラピー、インナーチャイルド・セラピーなどがあり、いずれも優れた方法で、愛着トラウマを抱えたケースにもしばしば用いられる。

愛着のカウンセリング

倉成央博士らによって開発されたアプローチで、幼少期の愛着形成に問題を抱え、不安が強く情緒の不安定感を抱えるタイプのクライエントに適している。

このアプローチでは、幼少期の愛情不足の場面をクライエントが再体験した後、自分を守ってくれる理想の母親をイメージし、その母親から抱きしめられている空想をしながらクッションを抱きしめることにより、解消していく。抱きしめるクッションの温かい肌感覚と、理想の母親からハグされているという空想のもと、クライエントは、温かさ、安心感、安らぎなどの感覚を体験する。その過程でクライエントは、徐々に、自分の中に安心を感じる能力があることを心で理解できるようになる。そして「たとえ他者がどのような態度を取ろうが、自分には安心を感じる能力がある。自分で自分をコントロールできる」という宣言を、心から行うことができるという。

ホログラフィートーク

嶺輝子《みねてるこ》氏が考案したセラピーで、軽催眠を使ったトランスワークや自我状態療法の一つである。次の四つのステップを一回のセラピーで進める。

（1）現在のクライエントが扱いたい感情や症状が身体的にはどの位置に、どのような形や色をしているかを感じて表現してもらう。（課題の決定と外在化）

（2）時計をイメージし、逆回転させて退行誘導する。感覚と情動脳へアクセスすることでトラウマ記憶を想起させ、軽催眠状態で、セラピストのアドバイスを得て、現在のクライエントが過去の関係者に問題点を指摘、追及し、謝罪を求める。謝罪しない関係者は、本当に正しいことを学ぶ目的で光の柱に入れて空の一番高いところへ上げていく。（問題の見極めと解消）

（3）代わりに光の柱を通して空から健全な人々を連れてくる。健全な人々に、過去のクライエントが望んでいることを満足いくまで体験させてもらい、修正情動体験として記憶する。（健全さの構築と安定）

（4）最初に尋ねた感情や症状の形や色の変化を確認し、今後の望みを聞いていく。今後の望みはクライエントの回復へのリハビリテーションのためのリソースとなる。（リソースの獲得や健全さの構築）

複雑性ＰＴＳＤやトラウマ関連障害のケースに有効とされるが、コミュニケーション能力やイメージワークが苦手なケース、自我機能が低く、混乱を来しやすい境界性のケース、ＤＶや虐待の課題が継続中のケースには適さないとされる。

ブレインスポッティング（ＢＳＰ）

二〇〇三年にアメリカのデイビッド・グランド博士によって開発されたトラウマ記憶の処理を目的とした心理療法である。グランド博士はＥＭＤＲ（眼球運動を用いたトラウマ治療法）セラピストであり、ＥＭＤＲ、ソマティック・エクスペリエンシング（ＳＥ）、精神分析などの要素が統合されているという。

ＢＳＰは、「神経系と感情体験に関連がある目の位置（ブレインスポット）を見つけて、そこにフォーカスすることにより、言葉や認知を介することなく深い神経生理学的な部分にあるトラウマに癒しや解決が生じるという療法」(鈴木、二〇二〇)とされる。クライエントへの深い共感と同調といった関係性が重視され、「クライエントその人と、クライエントの脳のプロセスの両方に同調」することがBSPの特徴でもある。

PTSDの治療法として確立されたアプローチであるEMDRは、トラウマ状況が長期間繰り返されることによって生じた複雑性PTSDに対しては効果が得られにくいなどの課題が指摘され、BSPはそうした限界を広げてくれるのではないかと期待されている。BSPは愛着障害に特化した治療法というよりも、トラウマやうつ、不安などに幅広い適応を持つとされる。

TFT(タッピング、ツボトントン)

アメリカのロジャー・キャラハン博士が一九七〇年代に見いだし、発展させてきた心理療法で、鍼《はり》のツボをシンプルにタッピングすることで心理的症状の改善をはかるアプローチである。

エネルギーの混乱を起こしているパータベーション(心的動揺)の状態を解消するために、思考場にチューニングすると起きる不快感に対して有効な東洋医学の鍼のツボを適切な順番でタッピングすることで解決する手順が体系化されている。どのツボをどの順番でタッピングすると最適かは、症状別の「アルゴリズム」としてまとめられている。

クライエントがつらい気持ちや痛みなどを想起している間に、症状に効果的なアルゴリズムを用いて、ツボを順にトントン刺激することで、記憶はそのままに、心のとげを抜いて症状を改善していくという。「不安」「トラウマ」「恥」「当惑」「激怒」「怒り」「罪悪感」「愛着」「身体的疼痛」等のアルゴリズムがあり、状態や課題に応じてアルゴリズムを使い分ける。

HRV（心拍変動）呼吸

HRV呼吸法は血圧とリズムを合わせる呼吸で、自律神経がもっともよいバランスになるコヒーレンス（波動が揃っていること）な状態を作り、脳の機能を高める。この呼吸法はリラクゼーションの呼吸ではなく、アクティブでいながら落ち着く状態を作り、ポジティブな感情やリソースを高めることができるとされる。

HRVを高めることで、高血圧、心臓疾患、慢性疼痛、喘息、COPD（慢性閉塞性肺疾患）などの生理的な健康の改善、不安やうつ、PTSD、過敏性腸症候群などの心理的問題の改善、適応力、認知力、集中力、直観力、決断力、意志力、自己調節力、パフォーマンスや社会性、コミュニケーションの改善が見られるという。

ＨＲＶ呼吸法では、いつもより少し深く、ゆっくりと呼吸する。五秒で吸って、五秒で吐くリズムが多くの人に適しているが、自分にとって心地よいリズムで行う。呼吸トレーニングの目的は、コヒーレンスを練習して、普通呼吸でもコヒーレンスが高まり、回復力を養うことである。頭で考えずハート（胸のあたり）に意識を向け、五分間の呼吸を毎日一〜三回ずつ行う。

ポリヴェーガル理論でいう腹側迷走神経系は、人と人が穏やかにつながり、交流するための社会性のルートを持つが、ＨＲＶ呼吸はこのルートを養うのにも役立つ。

両価型（不安型）愛着改善プログラム

最後に、筆者が開発した「両価型（不安型）愛着改善プログラム」について紹介しよう。

不安型愛着スタイルや、それに加えて未解決な愛着トラウマを抱えている人では、慢性的なうつや不安、気分の波、ネガティブな感情や不満、怒りにとらわれやすく、相手の非ばかりに目が向き、パートナーや親子関係でぎくしゃくしてしまうといった問題が生じやすい。

こうした状態のときには、どうしても自分の視点に強くとらわれてしまい、自分の思い通りにならない周囲の方を問題視して、不満や怒りを訴え続けるばかりで、自分の課題を自覚し、それを克服する方向にはつながりにくい。

その根底にしばしば共通して見られるのが、両価型の愛着パターンと結びついた二分法的認知である。自分の思いにかなう存在は「いい人」、思いに反する存在は「悪い人」となってしまうため、その人に共感した態度を見せている限りは「いい人」と見なされるが、修正を試みたとたん「悪い人」となって、もう受け付けられないということになり、本人の振り返りや改善が非常に難しい。

そのため、通常のカウンセリングや認知行動療法では、いつまでも同じことを嘆き続けているか、自分の気持ちが否定されたと、中断してしまうかになりやすい。

こうしたケースでは、愛着の課題と認知の課題が密接に結びついているのが特徴で、認知の課題だけを冷静に扱うことが難しい。認知の課題を指摘されると、自分を否定されたと受け取りやすく、愛着不安が刺激され、関係が不安定になってしまう。

そうした壁を突破するために、有効性が裏付けられたいくつかの方法（弁証法的行動療法、MBT、マインドフルネスなど）と、臨床での実際の体験から得られた発見やアイデアを駆使して、生み出されたのがこのプログラムで、不安型愛着スタイルに特化したプログラムであると同時に、未解決型愛着スタイルも加わった、慢性的な希死念慮や自殺企図に苦しむ境界性などの難しいケースでも、改善効果が認められている（岡田、二〇二二）。

ちなみに両価型とは、幼い子どもに見られる愛着タイプで、白か黒かの二分法的認知や依存と攻撃のパターンを特徴とする。それは大人の不安型愛着スタイルに相当するとともに、未解決型などの不安定なタイプにもつながる。

このプログラムは、禅などでの修行を、心理療法として再構成し、段階的に取り組みやすくしたものだともいえる。自分の視点や自分の受けた傷へのとらわれが、その人を縛り、自由を奪い、苦しめているのであるが、そのとらわれから自由になっていくためのトレーニングを積んでいく。

トレーニングの重要な骨組みの一つが、メンタライゼーションを高めるトレーニングである。すでに述べたように、メンタライゼーションとは、自分の視点を離れて、相手の立場に立って気持ちや意図を汲み取る能力だが、もう一つの振り返る能力、つまり、客観的な視点で物事を俯瞰する能力にもつながっている。

この二つの振り返りの力（共感と客観視）によって、極端にならない、ほどよい関わりや心のバランスが可能になる。

　不安型愛着スタイルの人では、共感能力は一見高いのだが、客観視の能力が弱いため、相手の意図や気持ちを間違った意味に受け取って、過剰反応してしまい、せっかくの共感能力が的外れな方向に暴走しやすい。正確な共感のためには、相手の立場に立って考える視点と、自分も相手も含めて、少し離れて客観的に眺める視点の両方が不可欠なのである。このトレーニングを段階的に行っていくことで、過剰反応の原因となっている二分法的認知を克服していく。

　愛着トラウマを抱えている場合などには、本人を傷つけた存在に対して冷静な共感を行うことは、当然ハードルが高い。まずは、もっと身近で中立的な出来事から扱いながら、メンタライゼーションを鍛えていき、ある程度、力をつけた上で、より困難な課題に取り組んでいく。

　さらにもう一つの仕掛けには、ある発見が関係している。

　それは、愛着の課題を抱えて、認知の偏りを生じている場合、認知の偏りだけを修正しようとしても、逆に強い抵抗を生じてしまうが、それを愛着の課題と結びついた問題として、セットで理解すると、抵抗が薄らぎ、修正に前向きになるということだ。つまり、認知の偏りが、まるで自分の欠陥のように指摘されると、受け入れられないが、親の不適切な養育などの結果生じたもので、それを続けることは、親の支配を受け続けることだということを理解すると、これまでの認知や行動パターンが、異物として認識されるようになり、異化作用が促進されるのである。

この仕組みを最大限活用するためには、このプログラムでは、早い段階で、認知と愛着の関係について、心理教育を行う。それだけで、リフレーミングが生じ、変化を強力に促進できることも多い。

もう一つの特徴は、認知にだけ働きかけるのではなく、心や体、生活や行動にも働きかける取り組みになっているということだ。

心身への働きかけで重視しているのは、マインドフルネスである。マインドフルネスはメンタライゼーションを高める取り組みととても相性がいい。メンタライゼーションをはじめとするさまざまなワークは言語を介した取り組みだが、マインドフルネスは身体感覚や呼吸などを感じる非言語的な営みであり、より深い気づきや自己受容につながる。

それとともに、生活における実践が、もう一つの重要な柱となる。ほんの少しでも、決意して生活の仕方を変えるということが、自分の主体性を取り戻し、自分の人生を自分でコントロールし、自分で生きることにつながっていくのである。カウンセラーとそうした変化を共有することによって、持続的な変化へと定着していく。

最終章　試練が成長を生む

不安型愛着スタイルや、そこにしばしば同居する未解決の愛着トラウマの克服は、本人にとっても、本人を支える周囲の人にとっても、大きな試練である。これまでの、良い子、良いパートナー、いい人が、まったく別人のように暗く落ち込んだり、怒りを爆発させたりを繰り返す事態に、周囲だけでなく、本人自身も戸惑い、よけいに自分を責めたり罪悪感に駆られたりすることも多い。

しかし、それは、ありのままの自分を愛してもらえなかった時代に身につけざるを得なかった「偽りの自分」から脱皮して、「本来の自分」、周囲の反応に左右されすぎることなく、ありのままの自分を受け入れ、自分の持つ可能性に素直に心を開くことができる自分を手に入れるためのチャンスでもあるのだ。

周囲がその意味を理解し、力になってくれれば、そのプロセスはより乗り越えやすくなるだろうが、そうでなく、家族の誰も手を貸してくれるどころか、相変わらず足を引っ張り続けるような状況にあったとしても、本来の自分になることを諦める必要はなく、成し遂げられることなのである。その試練が大きければ大きいほど、その人はそれをやり抜くために、より多くの鍛錬と粘り強い努力を必要とするが、それに取り組む中で身につけられるものも大きいのである。

試練となる体験を乗り越えた人には、心的外傷後成長（ポストトラウマティック・グロース）が起きるとされるが、その体験をどのように受け止め、どのように乗り越えるかによって、その試練がどれだけ成長に生かされるかが左右されるという。

最初は、どうしてこうなったのかとか、誰のせいでこうなったのかとか、原因の部分にとらわれがちだが、回復のために必要なのは、原因が何かよりも、その人がその過酷な状況の中、どうやって生き延びてきたのか、そのためには、人の顔色ばかり気にして、相手に迎合するといった行動パターンも必要であり、そうなったのは、至極《しごく》もっともなことで、むしろよくやってきたのだという視点である。たしかに酷《ひど》い目に遭った面もあり、恨みや怒りを覚えるのも自然なことであるが、その中で身につけた能力や才能もあり、また、周囲に認められようと頑張ることで達成してきたこともあるのだというプラスの面も考えに入れて、自分の人生に対する見方を再構築していくことが大事だといえる。何もかもがダメであるかのように思う必要は、まったくないのだ。

自分が背負うことになった試練に、肯定的な意味を見いだせるようになったとき、その人は、その試練を乗り越え、新たな自分へと成長を遂げようとしている。

心的外傷後成長が起きた人では、①人生をこれまでよりも肯定的に受け止め、感謝することができるようになる、②他者と親密で安定した関係を持てるようになる、③人に頼らずに自分の力で現実に対処できるようになる、④新たなチャンスや可能性が広がっていく、⑤精神的な視野の広がりやバランスのよい考えを手に入れる、といった変化が見られるとされるが、愛着の課題を乗り越えた人にも、そのまますべて当てはまるといえるだろう。

愛着の課題が、一回性のトラウマや他のストレス性の問題よりも難しいのは、切っても切れない親や家族との関係がそこに絡んでいて、本人の努力や改善を、無神経に邪魔したり、すべてを台無しにしたりするようなことが起きてしまうこともしばしばだという点だ。終わりがないように見え、この苦しみがいつまで続くのか、絶望する思いになることもある。それゆえ、ある程度の距離を取るということが、とても重要になるのだが、それでもすっかりその煩わしさから自由になれるわけではなく、手紙やメールが不意打ちのように送られてきて、せっかく保てていた平安をかき乱されるということもある。

しかし、長年の経験からいえることは、いったん問題を自覚して、回復のプロセスが始まり、進むべき方向が見えてくると、一時の揺れはあったとしても、次第に波が収まり、落ち着いていくということだ。相手のペースに巻き込まれることも減って、自分らしく生活できるときが増えていく。

ここで大切なのは、完璧にこだわらないことだ。ときには、調子が悪いときやイライラするときがあってもいい。人間いろいろ悩みや困りごとはあって当然で、大事なのは、それに一つ一つ対処していくことだ。悪いことがあったからといって、自分は相変わらず不幸だとか、ダメだとか、ちっとも変わっていないとか思う必要はない。

たとえ、ひどくつらいことが起きて、真っ暗な気持ちになっていたとしても、その気持ちがいつまでも続くことはない。夜明け前が一番暗いという。そういうときは、ただ心や体を休めて、夜が明けるのを待てばいいのだ。

【主な参考文献】

『成人のアタッチメント：理論・研究・臨床』W・スティーヴン・ロールズ、ジェフリー・A・シンプソン編、遠藤利彦他監訳、北大路書房、2008年
『サガン：疾走する生』マリー＝ドミニク・ルリエーヴル著、永田千奈訳、CCCメディアハウス、2009年
『なんでそーなるの！：萩本欽一自伝』萩本欽一著、日本文芸社、2007年
『ストーリー・オブ・マイ・キャリア：「赤毛のアン」が生まれるまで』ルーシー・モード・モンゴメリ著、水谷利美訳、柏書房、2019年
『ハンナ・アーレント伝』エリザベス・ヤング＝ブルーエル著、荒川幾男・本間直子・原一子・宮内寿子訳、晶文社、1999年
『リンカーン（上）（中）（下）』ドリス・カーンズ・グッドウィン著、平岡緑訳、中公文庫、2013年
『獅子座の女シャネル』ポール・モラン著、秦早穂子訳、文化出版局、1977年
『一平かの子：心に生きる凄い父母』岡本太郎著、チクマ秀版社、1995年
『マインド・コントロール　増補改訂版』岡田尊司著、文春新書、2016年
『普及版　オキシトシン：私たちのからだがつくる安らぎの物質』シャスティン・ウヴネース・モベ

リ著、瀬尾智子・谷垣暁美訳、晶文社、２０１４年
『メンタライゼーション・ハンドブック：ＭＢＴの基礎と臨床』Ｊ・Ｇ・アレン、Ｐ・フォナギー編、狩野力八郎監修、池田暁史訳、岩崎学術出版社、２０１１年
『境界性パーソナリティ障害の弁証法的行動療法：ＤＢＴによるＢＰＤの治療』マーシャ・Ｍ・リネハン著、大野裕・阿佐美雅弘・岩坂彰他訳、誠信書房、２００７年
『身体に閉じ込められたトラウマ：ソマティック・エクスペリエンシングによる最新のトラウマ・ケア』ピーター・Ａ・ラヴィーン著、池島良子・西村もゆ子・福井義一・牧野有可里訳、星和書店、２０１６年
『ブレインスポッティング入門』デイビッド・グランド著、藤本昌樹監訳、藤本昌樹・鈴木孝信訳、星和書店、２０１７年
『愛着障害の克服：「愛着アプローチ」で、人は変われる』岡田尊司著、光文社新書、２０１６年
『愛着関係とメンタライジングによるトラウマ治療：素朴で古い療法のすすめ』Ｊ・Ｇ・アレン著、上地雄一郎・神谷真由美訳、北大路書房、２０１７年
『愛着アプローチ：医学モデルを超える新しい回復法』岡田尊司著、角川選書、２０１８年
『死に至る病：あなたを蝕む愛着障害の脅威』岡田尊司著、光文社新書、２０１９年
鈴木孝信「ブレインスポッティング：新しい複雑性ＰＴＳＤへの心理療法―視野上の注視により強められたトラウマへの焦点化と共通要因の活用―」『精神神経学雑誌』第122巻第10号、２０２０年

岡田尊司「愛着関連障害と愛着アプローチ―『医学モデル』から『愛着モデル』へのパラダイムシフト―」『心身医学』62巻5号、２０２２年

Mario Mikulincer & Phillip R. Shaver (2007), "Attachment in adulthood; structure, dynamics, and change", The Guilford Press

Marian J. Bakermans-Kranenburg & Marinus H. van IJzendoorn (2009), "The first 10,000 Adult Attachment Interviews: distributions of adult attachment representations in clinical and non-clinical groups", Attachment & Human Development, 11:3, 223-263

判定方法

A、B、Cの各合計得点は、それぞれ、A「安定型愛着スコア」、B「不安型愛着スコア」、C「回避型愛着スコア」です。

まず、どのスコアがもっとも高かったかに着目してください。それが、あなたの基本的な愛着スタイルだと考えられます。ことに15点以上の場合には、その傾向が非常に強く、10点以上の場合には強いと判定されます。

次に、二番目に高いスコアにも注意してください。5点以上ある場合、その傾向も、無視しがたい要素となっていると言えます。

それらを総合的に踏まえて、各愛着スタイルの判定基準と特徴を示したのが、下の表です。

なお、≫の記号は、「非常に大なり」の意味ですが、ここでは、5ポイント以上の差を判定の目安と考えてください。

各愛着スタイルの判定基準と特徴

愛着スタイル	判定基準	特　　徴
安定型	安定型スコア≫不安型、回避型スコア	愛着不安、愛着回避とも低く、もっとも安定したタイプ
安定―不安型	安定型スコア＞不安型スコア≧5	愛着不安の傾向がみられるが、全体には安定したタイプ
安定―回避型	安定型スコア＞回避型スコア≧5	愛着回避の傾向がみられるが、全体には安定したタイプ
不安型	不安型スコア≫安定型、回避型スコア	愛着不安が強く、対人関係に敏感なタイプ
不安―安定型	不安型スコア≧安定型スコア≧5	愛着不安が強いが、ある程度適応力があるタイプ
回避型	回避型スコア≫安定、不安型スコア	愛着回避が強く、親密な関係になりにくいタイプ
回避―安定型	回避型スコア≧安定型スコア≧5	愛着回避が強いが、ある程度適応力があるタイプ
恐れ―回避型	不安型、回避型スコア≫安定型スコア	愛着不安、愛着回避とも強く、傷つくことに敏感で、疑り深くなりやすいタイプ

18			1	
19			1	
20			2	
21			2	
22		2	1	
23		2	1	
24		2	1	
25		2	1	
26				2
27				2
28				1
29				1
30				1
31				1
32				1
33				1
34				1
35				1
36				2
37				2
38		2	1	
39		1		2
40		1		2
41				1
42			1	2
43			2	1
44			2	1
45				2
合計				

44. あなたにとって、仕事や学業と、恋愛や対人関係のどちらが重要ですか。
①仕事や学業　②恋愛や対人関係　③どちらとも言えない
45. あなたが傷ついたり、落ち込んでいるとき、他の人になぐさめてもらったり、話を聞いてもらうことは、どれくらい大事ですか。
①とても重要である　②あまり重要でない　③どちらとも言えない

集計の方法

各質問に対する回答の番号を、下記の表の回答番号の欄にご記入ください。質問番号と回答番号がずれないようにご注意ください。回答番号と一致する番号が、右側のA、B、Cの欄にあれば、それを○で囲んでください。その作業が終わったら、A、B、Cごとに、○で囲んだ番号がそれぞれいくつあったかを数えて、その数を一番下の合計欄に記入してください。

質問番号	回答番号	A	B	C
1		1		
2		1		2
3		1		
4		1		
5		2		
6		2		
7		2		
8		2		
9		2		
10		1	2	
11		1	2	
12		1	2	
13		1	2	
14			1	
15			1	
16			1	
17			1	

27. 親しい対人関係は、あなたにとって重要ですか。
①とても重要である　②それほど重要でない　③どちらとも言えない
28. いつも冷静でクールな方ですか
①はい　②いいえ　③どちらとも言えない
29. べたべたした付き合いは、苦手ですか
①はい　②いいえ　③どちらとも言えない
30. 関わりのあった人と別れても、すぐ忘れる方ですか
①はい　②いいえ　③どちらとも言えない
31. 人付き合いより、自分の世界が大切ですか。
①はい　②いいえ　③どちらとも言えない
32. 自分の力だけが頼りだと思いますか。
①はい　②いいえ　③どちらとも言えない
33. 昔のことはあまり懐かしいと思いませんか。
①はい　②いいえ　③どちらとも言えない
34. あまり感情を表情に出さない方ですか。
①はい　②いいえ　③どちらとも言えない
35. 恋人や配偶者にも、プライバシーは冒されたくないですか。
①はい　②いいえ　③どちらとも言えない
36. 親しい人と肌が触れ合ったり、抱擁したりするスキンシップをとることを好みますか。それとも、あまり好みませんか。
①好む方だ　②あまり好まない　③どちらとも言えない
37. 幼いころのことをよく覚えている方ですか。それとも、あまり記憶がない方ですか。
①よく覚えている　②あまり記憶がない　③どちらとも言えない
38. 親しい人といるときにも、気を遣ってしまう方ですか。
①はい　②いいえ　③どちらとも言えない
39. 困っているとき、他人は親切に助けてくれるものだと思いますか。
①はい　②いいえ　③どちらとも言えない
40. 他人の善意に気軽にすがる方ですか。
①はい　②いいえ　③どちらとも言えない
41. 失敗を恐れて、チャレンジを避けてしまうことがありますか。
①はい　②いいえ　③どちらとも言えない
42. 人と別れるとき、とても悲しく感じたり、動揺する方ですか。
①はい　②いいえ　③どちらとも言えない
43. 他人に煩わされず、一人で自由に生きていくのが好きですか。
①はい　②いいえ　③どちらとも言えない

13. そばにいなくなっても、一人の人のことを長く思い続ける方ですか。それとも、次の人をすぐ求めてしまう方ですか。
①一人のことを思い続ける方だ　②次の人を求めてしまう方だ
③どちらとも言えない

II

14. 好き嫌いが激しい方ですか。
①はい　②いいえ　③どちらとも言えない
15. とてもいい人だと思っていたのに、幻滅したり、嫌いになったりすることがありますか。
①よくある　②あまりない　③どちらとも言えない
16. よくイライラしたり、落ち込んだりする方ですか。
①よくある　②あまりない　③どちらとも言えない
17. 自分にはあまり取り柄がないと思うことがありますか。
①よくある　②あまりない　③どちらとも言えない
18. 拒絶されるのではないかと、不安になることがありますか。
①よくある　②あまりない　③どちらとも言えない
19. 良いところより、悪いところの方が気になってしまいますか。
①はい　②いいえ　③どちらとも言えない
20. 自分に自信がある方ですか。
①はい　②いいえ　③どちらとも言えない
21. 人に頼らずに、決断したり行動したりできる方ですか。
①はい　②いいえ　③どちらとも言えない
22. 自分はあまり人から愛されない存在だと思いますか。
①はい　②いいえ　③どちらとも言えない
23. 何か嫌なことがあると、引きずってしまう方ですか。
①はい　②いいえ　③どちらとも言えない
24. あなたの親(養育者)から、よく傷つけられるようなことをされましたか。
①はい　②いいえ　③どちらとも言えない
25. あなたの親(養育者)に対して、怒りや恨みを感じることがありますか。
①はい　②いいえ　③どちらとも言えない

III

26. つらいときに、身近な人に接触を求める方ですか。それとも、つらいときほど、接触を求めようとしなくなる方ですか。
①接触を求める　②接触を求めない　③どちらとも言えない

愛着スタイル診断テスト

下記の質問に対し、過去数年間のご自分の傾向を思い浮かべながら、もっとも当てはまる選択肢を選んでください。ただし、「どちらとも言えない」が多くなりすぎますと、検査の感度は低下してしまいますので、ご注意ください。

I

1. 積極的に新しいことをしたり、新しい場所に出かけたり、新しい人に会ったりする方ですか。
   ①はい　②いいえ　③どちらとも言えない
2. 誰とでもすぐに打ち解けたり、くつろげる方ですか。
   ①はい　②いいえ　③どちらとも言えない
3. もし困ったことがあっても、どうにかなると楽観的に考える方ですか。
   ①はい　②いいえ　③どちらとも言えない
4. 親しい友人や知人のことを心から信頼する方ですか。
   ①はい　②いいえ　③どちらとも言えない
5. 人を責めたり、攻撃的になりやすいところがありますか。
   ①はい　②いいえ　③どちらとも言えない
6. 今まで経験のないことをするとき、不安を感じやすい方ですか。
   ①はい　②いいえ　③どちらとも言えない
7. あなたの親(養育者)は、あなたに対して冷淡なところがありましたか。
   ①はい　②いいえ　③どちらとも言えない
8. 人はいざというとき、裏切ったり、当てにならなかったりするものだと思いますか。
   ①はい　②いいえ　③どちらとも言えない
9. あなたの親(養育者)は、あなたを評価してくれるよりも、批判的ですか。
   ①はい　②いいえ　③どちらとも言えない
10. 子どものころの思い出は、楽しいことの方が多いですか。
    ①はい　②いいえ　③どちらとも言えない
11. あなたの親(養育者)に対して、とても感謝していますか。
    ①はい　②いいえ　③どちらとも言えない
12. つらいことがあったとき、親や家族のことを思い出すと、気持ちが落ち着きますか。
    ①はい　②いいえ　③どちらとも言えない

岡田尊司（おかだたかし）
1960年香川県生まれ。精神科医、作家。東京大学文学部哲学科中退、京都大学医学部卒、同大学院にて研究に従事するとともに、京都医療少年院、京都府立洛南病院などで困難な課題を抱えた若者に向かい合う。現在、岡田クリニック院長（枚方市）。日本心理教育センター顧問。著書に『愛着障害』『回避性愛着障害』『愛着障害の克服』『死に至る病』（以上、光文社新書）、『母という病』（ポプラ新書）、『夫婦という病』（河出文庫）、『パーソナリティ障害』（PHP新書）、『アスペルガー症候群』（幻冬舎新書）、『発達障害「グレーゾーン」』（SB新書）など多数。小笠原慧のペンネームで小説家としても活動し、『DZ』『風の音が聞こえませんか』（以上、角川文庫）、『サバイバー・ミッション』（文春文庫）などの作品がある。

不安型愛着《ふあんがたあいちゃく》スタイル　他人《たにん》の顔色《かおいろ》に支配《しはい》される人々《ひとびと》

2022年11月30日初版1刷発行
2024年7月15日　　2刷発行

著者 ── 岡田尊司
発行者 ── 三宅貴久
装幀 ── アラン・チャン
印刷所 ── 堀内印刷
製本所 ── ナショナル製本
発行所 ── 株式会社光文社
東京都文京区音羽1-16-6（〒112-8011）
https://www.kobunsha.com/
電話 ── 編集部03（5395）8289　書籍販売部03（5395）8116
制作部03（5395）8125
メール ── sinsyo@kobunsha.com

 ISBN 978-4-334-04635-4

1227
新地方論
都市と地方の間で考える
小松理虔

「都市」と「地方」。二項対立ではない視点から改めて地方を10のテーマで考えたときに、見えてくるものとは何か。福島県いわき市を拠点に、多彩な活動を続ける著者の思考と実践の記録。

978-4-334-04634-7

1228
不安型愛着スタイル
他人の顔色に支配される人々
岡田尊司

自己肯定感が低い、気を遣いすぎて疲れてしまう、感覚が敏感で体調を崩しやすい……生きづらさの理由、そして克服や治療法は？　職場や家庭での周囲の対応の仕方も事例を交え詳述。

978-4-334-04635-4

1229
広告の仕事
広告と社会、希望について
杉山恒太郎

広告から〝公告〟へ。日本の広告界のレジェンドが、自らのクリエイティブを振り返りながら、広告の未来を熱く鋭く語る。山口周氏とのロング対談を収録。解説・河尻亨一氏。

978-4-334-04636-1

1230
「美食地質学」入門
和食と日本列島の素敵な関係
巽好幸

蕎麦を育む火山、出汁を支える山脈、日本酒と地球の大変動——。多彩な和食が生まれた理由は日本列島にある⁉　地下深くで密接に結びつく二つの意外な関係をマグマ学者が丁寧に紐解く。

978-4-334-04637-8

1231
時を超える美術
「グローカル・アート」の旅
新見隆

ローカル（地域、身近なもの）を大事にしながらグローバル（世界のありかた）につながる——。そんな「グローカル」な精神を宿した美術作品や芸術家に触れた「芸術風土記」エッセイ。

978-4-334-04638-5